JN295254

大学受験

渡辺の とことんわかる 英文法 (上)

基礎から受験まで

東進ブックス

さぁ、始めよう！

四月六日(月)

名人の授業

東進ハイスクール・東進衛星予備校

渡辺勝彦

はじめに

　もし君が、「どんな大学でも受かればいいんだ。そこそこの大学なら、それでいいんだ」と考えているとすれば、本書を必要とはしない。「あの難関国公立大学、早慶などの難関私大、あるいは医学部に受かりたい。いや、その運命にあるんだ」「どうしても受かりたい志望大学があるんだ」という強い思いを心に秘めている、そんな君だけ、本書の扉を開いてくれ。もちろん現時点での学力や、君の通う高校のレベルなど関係ない。
　「でも、そんな大それた夢、私には無理」と考えてはいないだろうか？
　実はそれが、大きな誤解なのだ。難関大学など、1年間に何万人も受かるのである。オリンピックで金メダルを取れと言っているのではないのだ。**難関大学に合格するためには、ごく普通の高校生が、ごく当たり前のことを、当たり前の時期に、当たり前のようにこなしていくこと、ただそれだけだ。**残念なことに、それに気付かないまま、多くの受験生が時間切れとなってしまうのだ。難関大学合格のために取り組むべき英文法についての当たり前を、ごく普通の高校生の君（決めつけてスミマセン）に具体的かつ明確に示した、**絶対にハズせない必須英文法の完成マニュアル**、それが本書なのである。
　その前に、1つお願いしたいことがある。「今さら無理」「どうせダメ」「自分はこの程度」など、**自分で自分の限界を定めるような言葉は、以後絶対に慎んでいただきたい**。そんな言葉を吐いてしまった瞬間、すべてにブレーキがかかり、君の日常生活と将来が、それに見合ったそこそこのものとなってしまうからである。今すぐ心のブレーキを外し、過去をリセットすること。**英語が苦手という人は、すべてを忘れることだ。大切なのは、今日以降、私との約束を必ず守ること。**それができれば、難関大学合格に必要な英文法を、君が思っているよりずっと早く完全マスターできると、私は確信している。

これまで何度も夢に向かってスタートしたけれど、わずかな挫折を経験して、現実を思い知らされると、都合のいい言い訳とともに情熱の炎も消え失せ、やむなく夢を諦めた君。それどころか、夢に向かって、なかなか行動を起こせなかった君。でも、今度こそ大丈夫。**君の夢は必ず叶うと断言する**。なぜかって？　君は今、書店で本書を手に取り、最初のページを開いているじゃないか。机に向かって、私とともに、第一歩を歩み始めたじゃないか。よくぞ、一歩踏み出したぞ。あれこれ悩んではならない。人は何事においても、**悩んでいる時間、行動を開始するまでの時間が、実は意外に長い**のである。いったん行動に移せば、ゴールは思いのほか近いのに……。

　そうだ。**今日が君にとっての運命の日なんだ。**

　　　　　　年　　　　月　　　　日

　さあ、この記念すべき日を明記しよう。誕生日の次に大切なこの日を。そして、ずっと今日を覚えておこう。**昨日までの君はもういない。**

　ただ、忘れてはならない。誰しも、つらく苦しいことは長続きしない。私も含めて、我々はそれほど強くはないのだ。そのため、**集中力を持続するには、何より楽しくなければならない**。「楽しく学んでいたら、気付くと学力もつき、英語好きになっていた」――本書の中で、そんな不思議な体験を積み、君の大学受験への漠然とした不安を、「見えた」「よし、いけるぞ」という志望大学合格の確信へと変えてみせよう。

　もう後ろは振り返らない。前だけを見て進め。本気で大学受験を楽しもう。最強の「夢実現のスペシャリスト」として……。

　　　　　　　　　東進ハイスクール・東進衛星予備校　講師　渡辺勝彦

contents

はじめに……002
目次……004
本書の特徴と効果的な使い方……006

第1講 文の要素と文型(1)……013
❶第1文型(SV)……016　❷第2文型(SVC)……019　❸第3文型(SVO)……025

第2講 文の要素と文型(2)……033
❶第4文型(SVOO)……034　❷第5文型(SVOC)……038
❸SVOOとSVOCの判別……042

第3講 時制……051
❶注意すべき現在時制……053　❷過去時制と未来時制……058
❸注意すべき進行形……059　❹注意すべき完了形……062

第4講 助動詞……073
❶can……074　❷may……078　❸must……081　❹その他の助動詞……088
❺助動詞+have+過去分詞……093　❻助動詞を使った慣用表現……098

第5講 受動態……101
❶受動態の基本……102　❷第4文型(SVOO)の受動態……103
❸第5文型(SVOC)の受動態……105　❹助動詞を含む受動態……106
❺受動態の否定文・疑問文……108　❻句動詞の受動態……113
❼They say that ～「～だそうだ」の受動態……115
❽完了形・進行形の受動態……116
❾by以外の前置詞を用いる受動態……118

第6講 不定詞(1) ……123
- ❶to不定詞の特徴……124　❷名詞用法……125
- ❸形容詞用法……130　❹副詞用法……137

第7講 不定詞(2) ……145
- ❶不定詞の否定形……146　❷不定詞の意味上の主語……148
- ❸完了不定詞……151　❹原形不定詞……156
- ❺独立不定詞……162　❻不定詞を使った重要構文……164

第8講 動名詞 ……171
- ❶動名詞の基本……172　❷動名詞だけを目的語にとる動詞……175
- ❸不定詞だけを目的語にとる動詞……177
- ❹動名詞と不定詞の両方を目的語にとれる動詞……178
- ❺動名詞と不定詞の両方を目的語にとるが意味が異なる動詞……180
- ❻動名詞の意味上の主語……185　❼動名詞の否定形……186
- ❽動名詞の完了形……188　❾動名詞の受動態……190
- ❿動名詞の慣用表現(1)……193　⓫動名詞の慣用表現(2)……197

第9講 分詞(1) ……203
- ❶分詞とは……204　❷分詞の限定用法……206
- ❸分詞の叙述用法……214　❹分詞を使った慣用表現……224

第10講 分詞(2) ……227
- ❶分詞形容詞……228　❷分詞構文……233

特別付録DVD ※本書掲載内容の再録ではないオリジナルな内容です(2011年収録)。
- ❶難関大学[志望校]合格へのシナリオ
- ❷英文法短期完成の秘策
- ❸学力・成績に関係なく難関大学[志望校]に合格できる3つの条件
- ❹『時間がない』『ヤル気がない』『つい居眠り』㊙克服学習法

本書の特徴と効果的な使い方

1 最終目標は難関大学現役合格 ＝ 1分間に150語の長文速読力 そのために、英文法はできて当たり前！

　本書の目標は、頭の良し悪し、現時点の学力、高校のレベルには無関係に、ごく平均的な高校生が、難関大学［志望校］現役合格を目指すこと。そのためには、難解な英語長文を1分間に150語のペースで読み切らねばならない（その決定的根拠は付録のDVDに収録）。だとすれば、「英文法が苦手」などと言ってはいられない。**英文法は、できて当然**。それどころか、実際の入試では文法問題などごく短時間で解いてしまい、十二分に時間の余裕を持って長文に臨みたい。しかも、**文法問題を確実な得点源**としたいのだ。しかし残念なことに、「英文法が苦手」「長文は何とかなるけど文法はさっぱりダメ」「文法問題に時間がかかり、長文は時間切れ」という学生が、後を絶たないのも事実である。その原因を分析し、その即効的対策を提示したのが本書なのである。

2 暗記するな。楽しめ！

　英文法が苦手となる原因を調査する中で、「覚える量が多い」「細かすぎる」「ネイティブスピーカーですら使わないのでは……?」「紛らわし

い」「つまらない」「時間がない」という理由が圧倒的であることが判明した。そこで本書は、

> 1. 難関大学に合格するための、**基礎から大学受験までの必須英文法問題に絞り込む。**
> また、採用した文法事項が、長文読解や英作文学習に欠くことのできないものであること。
>
> 2. **場所や時間を選ばず**、ちょっとした空き時間で、いつでも**気楽に学習**できる。また、平易な語句を意図的に用いることで単語力不足による学習能率低下を回避する。
>
> 3. 何より、**楽しく最後まで**続けられる。
>
> 4. **暗記に頼らず**、楽しみながら問題を解答する中で、できるだけ自然に記憶に定着するよう工夫する。
>
> 5. 暗記が必要な場合でも、**脳科学に従った**、極めて効率的な方法を提示する。

以上のような大原則にのっとり、次のように構成した。

3　登場人物になりきって、気楽に読み進めよう。

　本書は、学年も、性格も、環境も様々な**4人の高校生の男女と、東進の英語科講師渡辺勝彦との対話形式**で展開する。君と同じ立場にあったり、共通した悩みを抱えていたりするキャラクターもいるかもしれない。お気に入りのキャラを見つけるもよし、感情移入するもよし、読者それぞれの楽しみ方で読み進めて欲しい。君が知りたかったあの**疑問**、口には出せなかったあの**悩み**を、君にかわって彼らがズバリ質問。

この**渡辺がズバリ回答**。スピーディーに展開する対話の中で、**頻出最重要英文法を効率的に理解**できるよう網羅した。

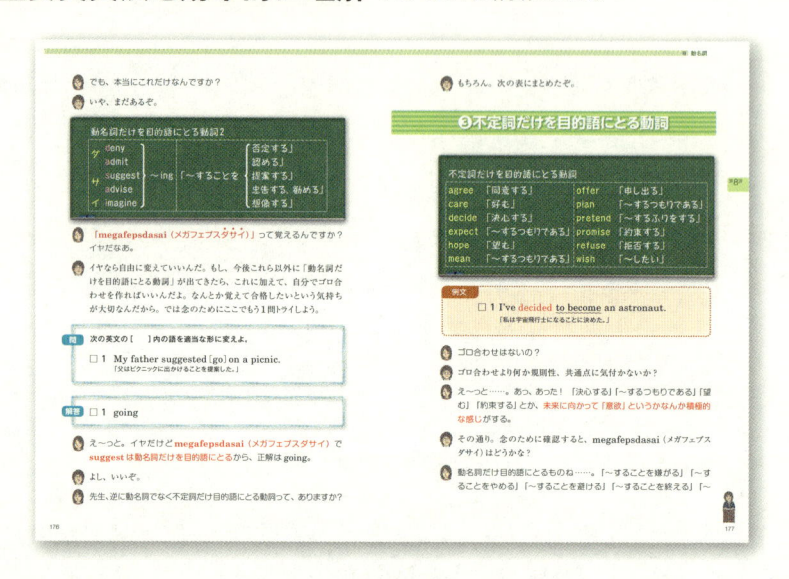

ただし、突然現れる**スーパーヤンキーキャラ**には要注意。授業の邪魔をするだけでなく、とんでもない発言にビックリ！

でも安心してくれ。彼こそが、現状の学力に関係なく**難関大学逆転合格を可能にできる**、とっておきのヒントを与えてくれる最重要キャラなのだ。

4 暗記はするな。まずは、『下巻』最終頁まで一気に読み進め、英文法の全体像をつかもう。

君にはこんな経験はないだろうか？　何か参考書を始め、第1講から気合いを入れて、こと細かく隅々まで暗記した。しかし力尽きて、ほどなく挫折。第1講だけ妙に詳しいが、あとはさっぱり。これでは、全く意味がないどころか、途中で挫折したことで自信喪失。自分でダメ人間の烙印を押しかねない。

本書では、そんなつらい思いをさせはしない。まずは**細部にこだわらず、最後まで楽しく読み進めてくれ**。ちょっとした空き時間、電車の移動中でも構わない。登場人物と一緒に問題を順に解きながら、講師の解説［対話］を読んで、**英文法の全体像を理解してもらえればいいのだ**。この段階で、無理して暗記する必要はない。

5 続けられないのは、君のせいじゃない‼ 渡辺がDVDの中で、君をゴールまでつれていく。

でももし、少しヤル気がなくなってきたら、**付録のDVD**を見てくれ。この**渡辺本人が、君のヤル気に火をつけるために熱く語っている**。「時間がない」「ヤル気がない」「つい居眠り」そんな君に、㊙克服法をお教えしよう。また、『学力・成績に関係なく難関大学［志望校］に合格できる３つの条件』を、君はちゃんと満たしているかな？　ぜひ、DVDの中で確かめてくれ（DVD収録内容については「目次」参照）。とにかく、本書には**君が最後まで続けられる仕掛けが随所に盛り込まれている**。完走まで完全サポートするので、頑張ってついてきて欲しい。ともに受験を楽しもう！

6 脳の仕組みに従った 記憶定着への効率的方法

でも、「覚えないことには、点が取れないのでは？」と不安に思った君。もちろんその通り。暗記も必要であろう。ただし、暗記には君のヤル気を無駄にしない、**脳科学に即した、正しい順序と方法が存在するのである**。まずは、英文法の全体像を把握した上で、細部の理解と記憶の定着へと無理なく移行していくのが大切。『**下巻**』特別付録『㊕実現のための自己管理表』、入試最頻出『**音読用例文集**』を使用した、

効率的暗記法に従って記憶をしっかり定着させよう。『下巻』巻頭および付録DVDで詳しくお伝えしたい。

さて、ここで**みんなとともに学んでいく登場人物**を紹介しよう。

翔太くん (高3男子)
部活に全力で取り組んできたが、いよいよ引退。本格的に受験勉強を開始するも、気付いたら、英語が苦手に。やればできると思い込んでいるが、実は不安。できることなら、難関大学に進みたい。

美咲さん (高2女子)
高校生活を満喫。大学受験のことは眼中にない。でも、先輩を見ていると、少し不安。半ば難関大学は諦めているものの、正直なところ、憧れも。もちろん、つらいことは大嫌い。

海斗くん (新高1男子)
中学時代は、英語は上位。しかし、実は苦手分野も。高校生活に期待と不安。漠然とではあるが、難関大学を目指している。また、部活にも全力で取り組むタイプ。両立できるか、家族も心配。

大輝くん (高2男子)
彼が、問題のスーパーヤンキー。元々、英語は嫌いではなかったが、中学時代の先生とうまくいかず、英語は基礎からダメ。それどころか、他教科もさっぱり。別の世界で自己実現を果たそうとしている。しかし、何事にも半端な彼ではあるが、このまま自分は終わらない、バカにしたやつを見返してやりたいと考えている。ただ、その気持ちも長続きしないのだが……。

7 学年によって、学習方法・学習スタイル、心構えは異なる!?『難関大学[志望校]現役合格へのシナリオ』

　君がもし、高3か既卒なら、覚悟して聞いてもらいたい。

　高1か高2なら、大チャンスだ。君の人生を大きく変えることができる。みんなうすうす気付いてはいるが、なぜかなかなか実行に移せない『**難関大学[志望校]現役合格へのシナリオ**』は、これだ。

> ## 英語は高3に持ち越さない。
> ## 高2の3月31日までに完成させる。

　さらに高3では、完成させた英語力を維持しながら、他教科をゆっくり仕上げていくのだ。英語を高3に持ち越すと、なかなか伸びず、捨て教科となる可能性が高い。だから、高2はまだ時間があるどころか、英語に関して言うなら、切羽詰まった状態なのだ。高1とて余裕はない。「でもそこまで言い切る根拠はどこに?」──『上巻』DVDの中で詳しくお伝えしているので、ここでは省略するが、確実に現役合格を果たすために、このシナリオに従って、今後、君たちを難関大学現役合格へと導きたい。それが、何より**高校生活を最高の思い出にする方法**なのだ。結果が出ずに、つらい思いをする高3なんてまっぴらだから。

　「今さらここでそんなこと言われても、すでに高3、既卒なんだけど……。もう難関大学合格は無理なの?」と青ざめてしまった君。大丈夫だ。極めて厳しい現実を知った上で、**最短距離を一気に**駆け抜けるんだ。合格への自信が持てるのは入試直前となるかもしれないが、苦しい時こそ笑顔で、ともに最後まで戦おう!

8 学習の進め方

STAGE 1 演習編

Step 1 講師であるこの渡辺と生徒の対話を読みながら、問題に答える。（ヒントを参考に、特に辞書は必要ない）

Step 2 すぐに解答をチェック。

Step 3 講師と生徒の対話（解説）を読みながら、何をどう間違えたか確認し、以後間違えないようしっかり理解しよう。正解だったところも、再度確認する。

Step 4 付録のDVDや講の終わりに添えられた（全講ではない）私からの大切なメッセージに要注目。英語完成への大切なヒントが詰まっている。**Missionを必ず実行せよ。**

Step1～Step4で『下巻』最終講まで一気に読み進んだら、いよいよSTAGE 2 定着編 へ

STAGE 2 定着編

『下巻』巻頭の「学習の進め方」参照

第1講
文の要素と文型(1)

❶第1文型(SV)
❷第2文型(SVC)
❸第3文型(SVO)

さあ、いよいよ始まるぞ。最初はもちろん、5文型からだ。

ちょっと待った！ 先生。俺、前から思ってたんだけど、そんなややこしい文法なんて必要ないんじゃないの？ 文法なんて知らなくても単語を適当に並べたら、英語はなんとか通じるでしょう？

まずい‼ そこがまず多くの学生がはまるワナだ。次の例を見てみろ。

> **日本語**
>
> メアリーはリンゴを食べる。
> ＝リンゴをメアリーは食べる。
> ＝食べる。リンゴをメアリーは。

日本語では「メアリーはリンゴを食べる」の語順をバラバラにしても、ほぼ同じ意味を表せる。それは、「は」とか「を」などの助詞のおかげだ。英語ではどうだ。

> **英語**
>
> Mary eats an apple.「メアリーはリンゴを食べる。」
> An apple eats Mary.「リンゴはメアリーを食べる。」→あり得ない
> Eats Mary an apple. →意味不明

あっホント、メチャクチャだ。

そう。だから英語では**語順というのがとても大切なんだ**。これから話す**5文型**に君の知っている単語を当てはめれば、自分の気持ちを英語で自由に表現できるぞ。

でもさ、俺、実はこの5文型でつまずいたんだよな。中学時代は、まあまあ英語できたんだけどな。高1の時、もっと頑張ってればよかったなあ。

- 英語が苦手になる時期はだいたい高1なんだ。ある調査によると7割を超えるとも言われている。

- 俺って、やっぱり頭悪いのかなあ。

- いや、違う。理解できないのは生徒のせいではなく、教え方の問題だ。俺のやり方を試してみてくれ。

- お〜先生、強気に出たな。

- 俺が単なるハッタリか本物か、君の目で確かめるんだ。いよいよ、ここから君は変わる。難関大学合格への第一歩だ！

- わかった。まだ先生のことを全面的に信じているわけではないけど、とにかく頑張るよ。

- まず、英語は次の5つの**文型**に分けられるぞ。

```
           第1文型   SV
           第2文型   SVC
5文型 ┈┈┤ 第3文型   SVO
           第4文型   SVOO
           第5文型   SVOC
```

第1講では第1文型〜第3文型まで扱うぞ。

❶第1文型(SV)

では、まず次の問題を解いてみよう。

問 次の英文を日本語に訳せ。

☐ 1　She smiled.
☐ 2　She smiled at him.
☐ 3　She smiled happily.
☐ 4　She was smiling at her baby on the bed.

解答
☐ 1　彼女はにっこり笑った。
☐ 2　彼女は彼を見てにっこり笑った。
☐ 3　彼女は嬉しそうににっこり笑った。
☐ 4　彼女はベッドの上の赤ちゃんを見てにっこり笑っていた。

まず、**第1文型とは、★S(主語)、★V(動詞)だけで文が成立するものだ**。では、☐1〜☐4のうち第1文型はどれでしょう？

先生、悪いんだけど俺、S(主語)からよくわからないんだけど。

大丈夫だ。知らなければ今日覚えればいい。俺は過去は気にしない。大切なのは今日以降、俺との約束を守れるかどうかなんだ。難しいことは必要ない。**訳した時に「〜は」がつくものがS(主語)で「〜する」となるものがV(動詞)だ。**

わかった。じゃ、☐1のShe「彼女は」がS(主語)、smiled「にっこり笑った」がV(動詞)。だから、☐1は第1文型だね。

正解。ただし、実は☐2〜☐4すべて第1文型だ。

- えっ！ ☐ 2 ～ ☐ 4 には、SV 以外にも、いろいろくっ付いているんだけど。

- そう、入試問題では SV だけで終わる文なんてめったに出ないぞ。いろいろな **修飾語（句）** がつく。例えば、☐ 2 の at him は、動詞 smiled を修飾する修飾語句。**修飾語句は 5 文型決定の要素から除外する。**

- 先生、もうダメだ。ワケがわからない。

- そうだろう。でも安心してくれ。渡辺流ではややこしい説明は抜きだ。誰もが理解できるよう、単純明快にいくぞ。

- 待ってました。

- at、in、on、to、from といった**前置詞が登場したら、それ以降は 5 文型決定とは関係なしだ。**

　　☐ 2　She smiled at him.　＜第 1 文型＞
　　　　　 S　　V　　　前

だから、☐ 4 でも at her baby、on the bed は関係なし。

　　☐ 4　She was smiling at her baby on the bed.
　　　　　 S　　 V　　　　　前　　　　　　前

　　　　　　　　　　　　　　　　　　　　＜第 1 文型＞

- ☐ 4 の was smiling は進行形ですね。

- そう。＜be 動詞＋～ing＞の進行形は動詞の 1 つの形。だから **She が S（主語）、was smiling が V（動詞）** で第 1 文型。

- ☐ 3 の happily は何ですか？

- happily は副詞。**副詞は、動詞や形容詞、他の副詞にかかっている（修飾している）**んだ。主に動詞を修飾していると考えればいい。

★S=Subject
★V=Verb

☐ 3　She smiled happily.（嬉しそうに　にっこり笑った）
　　　　S　　V　㊙　　　　　㊙　　　V

<第 1 文型>

ここでは happily は動詞 smiled を修飾している。つまり、どんなふうに smile したのかを説明しているんだ。

それで happily はどう扱うの？

副詞は SVOC などの要素にならないから、☐ 3 もまた第 1 文型。**副詞は語尾に -ly がついているものが多い**ぞ。では、ここで問題を解いてみよう。

問　次の英文を日本語に訳し、SV を指摘せよ。

☐ 1　The little birds sing merrily in the tree.
☐ 2　The bell rang at ten.
☐ 3　The children are playing cheerfully in the park.

ヒント
☐ 1　merrily「楽しそうに」
☐ 2　rang ＝ ring「鳴る」の過去形
☐ 3　cheerfully「楽しそうに」

解答
☐ 1　小鳥は木にとまって楽しそうに歌う。
　　　The little birds sing merrily in the tree.
　　　　　　　S　　　　V　　㊙　　　前

☐ 2　ベルは 10 時に鳴った。
　　　The bell rang at ten.
　　　　　S　　　V　　前

☐ 3　子供たちは公園で楽しそうに遊んでいる。
　　　The children are playing cheerfully in the park.
　　　　　　S　　　　　V　　　　　　㊙　　　前

なんだ、余裕でできたよ。すべて第1文型ってことですね。

そうだ。□1のmerrilyと□3のcheerfullyは副詞で、5文型決定の要素にはならないぞ。

□1のin the treeや□3のin the parkも前置詞が登場してるから、それ以降は5文型決定とは無関係。

いいぞ、よくできた。では第2文型へいこう。

❷第2文型（SVC）

さあ、次は**第2文型**だ。やっぱり第2文型もS（主語）から始まりV（動詞）という語順だ。その後に★**C（補語）**が続くぞ。

C（補語）って何なんだ？

では、まず次の問題を解いてみよう。

問 次の英文を日本語に訳せ。

□ 1　My father is a magician.
□ 2　His friend became a famous scientist.
□ 3　The problem seems very difficult.
□ 4　Your story sounds true.
□ 5　She looks young for her age.

ヒント
□ 3　seem ～「～のように思われる」
□ 4　sound ～「～のように聞こえる」
□ 5　look ～「～のように見える」、for one's age「年の割には」

なんだ簡単。答えは……、

★C=Complement

解答
- □1 私の父はマジシャンだ。
- □2 彼の友達は有名な科学者になった。
- □3 その問題はとても難しいように思われる（→難しそうだ）。
- □4 君の話は本当のように聞こえる。
- □5 彼女は年の割には若く見える。

よくできた。すべて正解。

で、第2文型って何？

第2文型はSVCで、**Cとは補語といってS（主語）を説明する語**だ。例えば□1なら

□1　My father is a magician.　＜第2文型＞
　　　 S　　　V　　C

My father「私の父は」が主語、is はbe動詞、a magician は主語 My father を説明しているからC（補語）だ。ここで1つ、大切なことは、

$$S = C \Rightarrow \underset{S}{\underline{\text{My father}}} = \underset{C}{\underline{\text{a magician}}}$$

の関係が成り立つこと。これが**第2文型だと見破るポイント**になるぞ。しっかり覚えておけよ。

わかった。でも先生、お父さんがマジシャンなんて、そんなやついるのかよ？

いるよ。この俺だ。

えっ！　うっそ～？

🧑‍🏫 本当だよ。だから本書の下巻を読み終えるまでに、信じられない恐ろしい出来事が起きる。そして、なんと顔のないゲストが現れ、1つだけ君の願いを叶えてくれるぞ。君の家を訪問して……。

🧑 ワケわかんない……。

🧑‍🏫 そう、俺の授業は最初、謎が多いが、最後はきれいにその謎が解ける不思議な展開になっている。楽しみにしててくれ。

🧑 別に期待してません。それより **S = C** のこと、□ 2 ～ □ 5 でも解説してよ。

🧑‍🏫 よし。まず、

　　□ 2 　His friend became a famous scientist.
　　　　　　 S 　　　　V 　　　　C

His friend が a famous scientist になったのだから、**S = C**（His friend = a famous scientist）だ。

　　□ 3 　The problem seems very difficult.
　　　　　　　S 　　　　V 　　　C

The problem が very difficult なわけだから **S = C** が成り立つ。

🧑 先生、「S = C が成り立つ」っていうのはなんとなくわかるけど、第2文型を見破る別の決定的な方法はないの？

🧑‍🏫 お～、いい質問だ。実は後に出てくる第3文型と区別する上でも、もう1ついい方法があるぞ。それは、

> 第2文型 ➡ 動詞を be 動詞に置き換えても文の意味が通じる。

🧑 えっ、どういうこと？

例えば □3 の動詞 seems を be 動詞に置き換えてみよう。

　　□3' The problem **is** very difficult.
　　　　　「その問題はとても難しい。」

どう？　意味が通じるだろう。だから第２文型と判断してもいい。では続いて、

　　□4　Your story sounds true.
　　　　　　S　　　　V　　　C

Your story が true なのだから **S = C** が成り立つ。

でも「本当のように聞こえる」だけで、本当かどうかわからないよ。

なるほど。では動詞 sounds を be 動詞に置き換えてみよう。

　　□4' Your story **is** true.「君の話は本当だ。」

どう？　意味が通じるだろう。だから true は C（補語）となり、第２文型だ。□5 は、

　　□5　She looks young ~~for her age~~.
　　　　　S　　V　　　C　　　　前

She が young なのだから **S = C** で**第２文型**。納得できない人はやはり、looks を be 動詞に置き換えてみよう。

　　□5' She **is** young for her age.「彼女は年の割には若い。」

で意味が成り立つから第２文型と判断できるんだ。

う〜ん、これはいい方法だね。ところで、第２文型になっている文って他にどんなのがあるの？

よっしゃ。第２文型に用いられる主な動詞をあげておくぞ。黒板の文を５回以上音読しろよ。

第2文型に用いられる主な動詞

動詞	意味	例文
get C	Cになる	He got angry.「彼は怒った。」 S V C
turn C		Jane turned pale at the news. S V C 前 「ジェーンはその知らせを聞いて青ざめた。」
go C		The milk has gone bad. S V C 「その牛乳は腐ってしまった。」
come C		My dream will come true. S V C 「私の夢は叶うでしょう。」
fall C		He fell asleep. S V C 「彼は眠りこんだ。」
appear C	Cに見える Cらしい	His father appears rich. S V C 「彼の父はお金持ちのように見える。」
keep C	Cのままである	She kept waiting for him. S V C 前 「彼女は彼を待ち続けた。」
lie C		The book lies open on the table. S V C 前 「その本はテーブルの上で開いたままである。」
remain C		My father remained calm. S V C 「私の父は依然として落ち着いていた。」
smell C	Cの匂いがする	This flower smells sweet. S V C 「この花はいい匂いがする。」
feel C	Cのように感じる	I feel good.「気分がいい。」 S V C
taste C	Cの味がする	This orange juice tastes strange. S V C 「このオレンジジュースは変な味がする。」

よし、音読できた。先生、第2文型がちゃんと理解できているか、問題を出して下さい。

次の問題にチャレンジだ。楽しんで解いてくれ。応用も含まれるぞ。

問 次の英文の空所に入れるのに最もふさわしいものを、①〜④の中から1つ選べ。また、完成した英文を日本語に訳し、SVCを指摘せよ。

☐ 1 This milk (　　) sour.
　① likes　　② eats　　③ tastes　　④ drinks

☐ 2 He (　　) happy at the news.
　① disappeared　② saw　　③ appeared　④ watched

☐ 3 Ted (　　) silent during the meeting.
　① sounded　② tasted　　③ smelled　④ remained

☐ 4 These flowers smell very (　　).
　① sweetly　② sweetness　③ sweet　④ sweets

あ〜、ちょっと難しいものもあったなあ。

よし、答えだ。

解答

☐ 1　③　このミルクはすっぱい味がする。
　This milk tastes sour.
　　S　　V　　C

☐ 2　③　彼はその知らせを聞いて嬉しそうに見えた。
　He appeared happy / ~~at the news~~.
　S　　V　　　C　　　前

☐ 3　④　テッドは会議中黙ったままだった。
　Ted remained silent / ~~during the meeting~~.
　S　　V　　　C　　　　前

☐ 4　③　これらの花はとてもいい匂いがする。
　These flowers smell very sweet.
　　　S　　　　V　　　C

024

まず、□1は、③ taste C で「Cの味がする」が正解。①②④の動詞の後にはC（補語）がくることができず、意味も通じない。

□2は、appear C「Cのように見える」で③が正解。②は see O、④は watch O でそれぞれ「Oを見る」となり不可（【→③第3文型（SVO）】参照）。①はS disappear happy「Sが嬉しそうな消える」で、意味が通じない。

□3は、remain C「Cのままである」で④が正解。

□4は smell C「Cの匂いがする」。**Cになれるのは主に形容詞**。したがって、正解は③ sweet「甘い」。①の sweetly「甘く」は副詞。**副詞はC（補語）になれない**。②④は名詞。名詞なら＜smell like★[of]＋名詞＞の形で使うから正解とはならない。② sweetness「甘さ」、④ sweets「甘いお菓子」。

ふ～。やっと、第2文型も終わりだね。

❸第3文型（SVO）

さあ、**第3文型**だ。第2文型とはSVまで同じで、次にC（補語）ではなく★**O（目的語）**がくる。

先生、C（補語）とO（目的語）ってどうやって見分けるの？

そう、そこがポイント。いい方法があるから注目してくれよ。ではまず次の問題を解いてみよう。

★［ ］は（直前の語句と）言い換え可能
★O=Object

> **問** 次の英文を日本語に訳せ。
>
> ☐ 1 She has two brothers.
> ☐ 2 We met a pretty girl in the woods.
> ☐ 3 They reached the station at midnight.
> ☐ 4 He doesn't like his teacher.

これは簡単、簡単。

では解答に加えて、C（補語）とO（目的語）の違いについて話すぞ。

> **解答**
> ☐ 1 彼女は2人の兄弟がいる。
> ☐ 2 私たちは森でかわいい1人の少女に出会った。
> ☐ 3 彼らは真夜中にその駅に到着した。
> ☐ 4 彼は先生が好きでない。

☐ 1 は **She が S（主語）、has が V（動詞）、two brothers が O（目的語）**だ。

ちょっと、ちょっと。なぜ two brothers は C（補語）ではなく O（目的語）なんですか？

うん、またいい質問。第2文型で言ったことを覚えているか？ SVC においては、

$$S = C$$

の関係が成り立つってこと。ところが第3文型 SVO においては、

$$S \neq O$$

となっている。□1の場合、S（主語）のSheとtwo brothersは同じ人物かな？

😮 そんなバカな。Sheは女性でtwo brothersは男性だから、当然別人だよ。

😊 そうだ。だからShe ≠ two brothers、つまりS ≠ Oとなるだろう。

　　□1　She has two brothers.　＜第3文型＞
　　　　　S　V　　　O

よって、□1は第3文型だ。

😐 □2はどう？

😊 ごらんの通り、

　　□2　We met a pretty girl in the woods.　＜第3文型＞
　　　　　S　V　　　O　　　　　前

SVOの第3文型だ。

😊 なるほど。We ≠ a pretty girl（S ≠ O）の関係が成り立っているから納得だよ。Weは複数でa pretty girlは単数だし、当然別人だもんね。前置詞in以下は気にしないんでしょ。

😊 そう、それともう1つ。もし第2文型か第3文型か迷った時のいい方法を教えるよ。次のことは覚えているかな？

> **第2文型 ➡ 動詞をbe動詞に置き換えても文の意味が通じる。**

😊 もちろん覚えてます。えっ、ということは第3文型は？

😊 逆のことが言えるぞ。

> **第3文型 ➡ 動詞をbe動詞に置き換えると文の意味が通じない。**

😊 □1と□2の文でやってみるよ。

□ 1' ✗　She **is** two brothers.
　　　✗　「彼女は２人の兄弟である。」

□ 2' ✗　We **are** a pretty girl in the woods.
　　　✗　「私たちは森の中のかわいい１人の少女である。」

確かに変だ。だから第３文型だとわかるんだね。

さらに、□ 3 も SVO の第３文型で、

□ 3　They reached the station at midnight.　＜第３文型＞
　　　　S　　V　　　　O　　　　　前

念のために They ≠ the station であることを確認しよう。動詞を be 動詞にすると、

□ 3' ✗　They **were** the station at midnight.
　　　✗　「彼らは真夜中の駅だった。」

あり得ないだろう。

あれ？　□ 4 は否定文ですけど、どう考えればいいんですか？

doesn't like で動詞のカタマリと考えればいい。doesn't も V（動詞）の一部と見ればいいよ。

He と his teacher は当然別人だから、He ≠ his teacher が成り立って、his teacher は O（目的語）ですね。なので第３文型。

□ 4　He doesn't like his teacher.　＜第３文型＞
　　　S　　　V　　　　O

よっしゃ。だいぶ文型について理解してきたな。そうすると英語も少しずつ好きになってきたかな？

う〜ん、ちょっとは。でも □ 4 の英文と同じく、俺、先生のことちょっと嫌いかも。

えっ、どうして？

だって先生は今の学力に関係なく、誰もが難関大学に受かるってDVDで言ったでしょ。どうも話がおおげさなんだよな。本当ですか？単なるハッタリなら許さないですよ。

1 文の要素と文型(1)

第1講

お〜、そこまで言うか。じゃあしかたない。15年前のあの出来事を聞いてもらおう。俺が高校の教師をしていた頃、あのトンデモナイ高校でそのことは証明済みだ。

それ、何ですか？

いかん。紙面が足りない。詳しくは別の機会に話そう。

なんだよ。別に聞きたくないけど、少し気になるな。

それでは問題に移るが、今回は第3文型だけとは限らない。すでに学んだ第1・第2文型も含まれるから要注意。

へ〜、少し不安だけどさあ来い！

問 日本文の意味に合うように、与えられた語句を並べ換えよ。また、完成した英文が（ア）SV、（イ）SVC、（ウ）SVO のどれになるかを見分け、記号で答えよ。なお、文頭の語も小文字にしてある。

☐ 1 その学校の創設者は1985年に亡くなった。
The [1985 / of / in / founder / died / school / the].

☐ 2 彼は3日前京都に向けて東京を出発した。
He [for / three days ago / left / Kyoto / Tokyo].

☐ 3 私の父はその知らせに青ざめた。
[pale / my father / the news / turned / at].

☐ 4 机の上に2冊の漫画の本がある。
[desk / two comic books / on / there / the / are].

☐ 5 彼女の計画は私には奇妙に聞こえた。(1語不要)
[strange / plan / heard / her / to me / sounded].

☐ 6 彼女は去年ディックと結婚した。(1語不要)
[Dick / last year / to / married / she].

解答・解説チェックだ。

解答

☐ 1 The founder [of the school] died in 1985.
　　　　S　　　　　　　　　　　　　　　V　　前
　　（ア）SV　＜第1文型＞

☐ 2 He left Tokyo for Kyoto three days ago.
　　　S　V　　O　　前　　　　副
　　（ウ）SVO　＜第3文型＞

☐ 3 My father turned pale at the news.
　　　S　　　　V　　　C　　前
　　（イ）SVC　＜第2文型＞

☐ 4 There are two comic books on the desk.
　　　副　　V　　　S　　　　　前
　　（ア）SV　＜第1文型＞

☐ 5 Her plan sounded strange to me.
　　　S　　　　V　　　　C　　前
　　（イ）SVC　＜第2文型＞（heard 不要）

☐ 6 She married Dick last year.
　　　S　　V　　　O　　副
　　（ウ）SVO　＜第3文型＞（to 不要）

☐ 1は、まず「創設者は」からS（主語）は The founder。次に動詞に移る前に「学校の」of the school を付ける。ここで動詞 died「亡くなりました」が続く。in 1985 は修飾語句だから**SVの第1文型**。

前置詞が出てきたら、それ以降は5文型決定に関係ないと言ったでしょ。of the school の of は前置詞ですよね。

待てよ！ of the school は S（主語）の The founder にかかっていて、S（主語）の一部だ。だから、The founder of the school

はS（主語）のカタマリと考えよう。

じゃ、**V（動詞）以降で、前置詞が出てきたらそれ以降は5文型決定上、無視していいってことですね。**

そうだ。□2はleave O for A「Aに向けてOを出発する」。He ≠ Tokyo **(S ≠ O)** だから**第3文型**。

□3はturn C「Cになる」。My fatherがpaleの状態になったのだからMy father = pale **(S = C)**、あるいは動詞をbe動詞に置き換えられるから、**第2文型**。

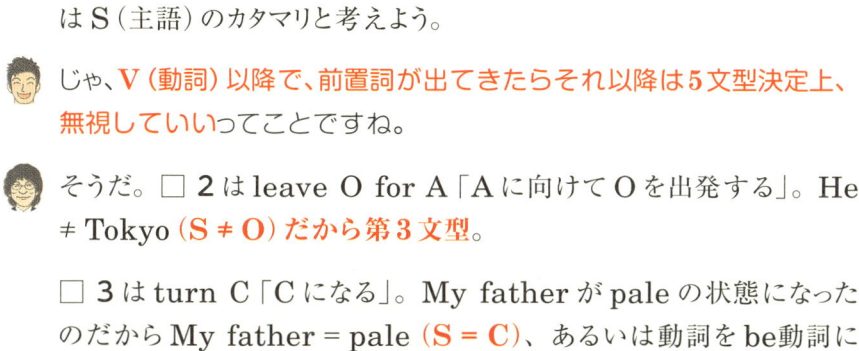

　　□3'　My father <u>was</u> pale ~~at the news~~.
　　　　　　　　be動詞　　　　　前

「私の父はその知らせに青ざめた。」

□4は実は**第1文型**なんだ。**There is 構文は第1文型**と覚えてしまってもいい。この場合areがV（動詞）、two comic booksがなんとS（主語）なんだ。Thereは副詞で、ここでは特に訳さない。最初にきているからといって主語ではないぞ。

□5はsound Cで「Cのように聞こえる」、hear Oで「Oを聞く」。strangeは「奇妙な」という形容詞なのでhearの目的語になれない。目的語には名詞、代名詞がくるのがほとんど。しかも「奇妙を聞く」も変。よって、**第2文型**。Her plan = strange (S = C)、あるいは動詞をbe動詞に置き換えると、

　　□5'　Her plan <u>was</u> strange ~~to me~~.
　　　　　　　　be動詞　　　　　　前

「彼女の計画は私には奇妙だった。」

□6　marry Oで「Oと結婚する」。marry withやmarry toとならないところに要注意。She ≠ Dick **(S ≠ O)** だから**第3文型**。さあ、ここで第1講が終わったと思って安心するな。

どうしてですか？

俺との最も大切な約束。『下巻』の最後まで一気に読み進めるんだ。

COLUMN

難関大学合格のための MISSION 1 | **まず、英単語は1800語覚えよ。**

英単語を知らずに、文法問題を解くことや長文速読ができないことに異論を唱える人は少なかろう。では、どの時期に、どのくらいの数の英単語を覚える必要があるのだろうか？　また、いわゆる単語集を使うべきか、それとも、長文中の未知の単語を覚えるべきなのか？

ズバリお答えすると、まず、**英単語は単語集で1800語覚えよ**。

難関大学に合格するために必要な英単語は、派生語等を含め、5000語とも6000語とも、指導者によっては7000語とも言われている。いずれにせよ、膨大な数であることでは一致している。ただし、国公立大学の2次試験や、私大入試に出題される英単語の約95％以上は、このうちのわずか1800語に集中しているのである。センター試験にいたっては99％をさらに上回る。したがって、この頻出必修単語を、できるだけ早い時期に完全修得することが、**難関大学現役合格への鉄則**なのである。英文を読む際に、同じ単語を何度も辞書で調べた経験はないだろうか？　英文を楽しく鑑賞するどころか、辞書を引きながらの読解に苦痛を覚えたことがないだろうか？　その結果、英語嫌いの仲間入りをしてはいないだろうか？

そのような苦痛で無駄な時間を省くために、まず、その1800語の完成を急ぐことだ。では、そのタイムリミットは……？　高校2年生の3月31日に英語を完成させることから逆算すれば、高校1年生か、高校2年生の早い時期に仕上げたい。そうすることで、学校のリーディングの授業の予習においても、辞書を引くという苦痛な作業を省き、読解に専念し、余った時間をさらに有意義なことに当てることができよう。「**避けて通れない道は少しでも早く**」である。

では「高校3年生では、遅いのか？」……厳しいことを言うようだが、相当追い込まれているというのが現実である。ただ、賢明な高3生なら、それに落胆するのではなく、現実を知った上で、「もうやるしかないんだ」という覚悟で、1日1日に全力を尽くしてくれるはず。そして、その1800語の英単語が終了したら、長文読解や、文法問題、過去問演習の中で出会った未知の単語を1つ1つつぶしていこう。そうすることで、残りの5パーセントを埋めていくことになる。必要とあれば、さらにレベルの高い単語集を使って、未習の単語がないかチェックするのもよい。必須の1800語の英単語として、『共通テスト対応英単語 1800』（東進ブックス刊）などをお薦めするが、読者の学校指定のものでもよかろう。ただし、単語テストの直前に無理やり覚え込み、なんとか合格点を取ればいいというやり方は、即刻やめていただきたい。なぜなら、テストが終わったらすぐに忘れてしまうから。脳のしくみに従った正しい暗記法を実践して欲しい。（『下巻』冒頭参照）

第2講 文の要素と文型(2)

❶ 第4文型(SVOO)
❷ 第5文型(SVOC)
❸ SVOOとSVOCの判別

よっしゃ、第1・第2・第3文型は終わった。さあ、次は第4・第5文型だ。まずは第4文型から。

❶第4文型（SVOO）

あれ、今度は O（目的語）が2つあるの？

そう、しかも第4文型は SVOO で第5文型は SVOC。どうやって見分けると思う？ これも決定的な方法があるから楽しみにしててくれ。さあ、次の問題を解いてみよう。下にあるヒントも参考にしてくれ。

> **問** 次の英文を日本語に訳せ。
>
> ☐ 1　She gave him an interesting book.
> ☐ 2　He bought his daughter a pretty doll.
>
> **ヒント**
> ☐ 1　give O_1 O_2 「O_1 に O_2 を与える」
> ☐ 2　buy O_1 O_2 「O_1 に O_2 を買ってやる」

> **解答**
> ☐ 1　彼女は彼に面白い本をあげた。
> ☐ 2　彼は娘にかわいい人形を買ってやった。

う〜ん、何が O_1 で何が O_2 なのか、けっこう難しいなあ。しかも O_1 O_2 の1、2って何なの？

まず ☐ 1 の文は She が S で「彼女は」、gave が V で「与えた」。ヒントの **give O_1 O_2「O_1 に O_2 を与える」** の O_1 に him を、O_2 に an interesting book を当てはめるんだ。

☐ 1　She gave him an interesting book.　＜第4文型＞
　　　　S　　V　　O_1　　　O_2

- う～ん。もしかして、**1つ目のO（つまりO₁）に人がきて、2つ目のO（つまりO₂）に物がくる**んですか？

- そうだ。そうなることが多いぞ。よく気付いたなあ。すると □2 は？

- **buy O₁ O₂「O₁にO₂を買ってやる」**だから、**his daughter** が人でO₁、**a pretty doll**「かわいい人形」が物でO₂。

- う～ん、完璧。よくできたぞ。

- バカにしないでよ。これぐらい当たり前だよ。

- その通り。当たり前なんだ。ところで、東大・京大・早慶・難関国公立大・医学部に合格することは、一部の優秀な学生のみが成し遂げられる快挙だと考えていないか？

- 何のこと？ もちろん一部の秀才にしかできないことでしょう？

- 違う。東大や早慶などの難関大学に受かるのは、ごく普通の学生が、当たり前のことを、当たり前の時期に、当たり前のようにやった結果だ。いいか、本書に出てくる基本的かつ必須の事項を、俺が言った通り確実にマスターするんだ。そんな誰にでもできることの積み重ねが、誰にもできない奇跡を起こすんだ。とにかく、最後までついてこい。

- わかったよ。今まで部活はそれなりに頑張ってきたけど、勉強はどうも中途半端だった。先生、俺、今日から本気だよ。今から逆転合格できるよね？ 絶対だね？

- 約束だ。「あんな難関大学、おまえには無理」と思っている周りのやつらをあっと言わせるんだ。では、続きをいくぞ。O₁を間接目的語（★IO）、O₂を直接目的語（★DO）ともいうが、用語はあまり気にしなくていい。とにかく、**O₁を「O₁に」と訳してO₂を「O₂を」と訳そう。**

- 先生、必ずO₁（人）O₂（物）の順番になるの？ 逆はないんですか？

- よし、次の黒板を見てくれ。

★IO=Indirect Object
★DO=Direct Object

> SVO_1O_2 ➡ SVO_2 <u>to</u> O_1 もしくは SVO_2 <u>for</u> O_1

さっきの問題 □1 に当てはめてみると

□1　She gave him an interesting book.
　　 S　 V　 O_1　　　O_2

□1'　She gave an interesting book <u>to</u> him.
　　　S　 V　　　O_2　　　　　　　O_1

O_1 の him が後に、O_2 の an interesting book が前にくると、間に **前置詞 to** が必要になるぞ。

ちょっと待って先生。ってことは、前置詞 to が出てきたんだから、to 以下は5文型決定に関係なくなりますよね？　もしかして **O_1 と O_2 を入れ替えると、第4文型が第3文型になる**んですか？

そうだ、よく気付いた。

□1'　She gave an interesting book ~~to him~~.　＜第3文型＞
　　　S　 V　　　O　　　　　　　　前

じゃ先生、□2 の文は O_1 と O_2 を入れ替えて、

□2'　He bought a pretty doll <u>to</u> his daughter.

となるんですか？

いかん。あわてるな。buy は、

> buy O_1 O_2 ➡ buy O_2 <u>for</u> O_1　（O_1 に O_2 を買ってやる）

となって、O_1 の前には **前置詞 for** がくるぞ。したがって……

□2　He bought his daughter a pretty doll.
　　 S　 V　　 O_1　　　　O_2

□2'　He bought a pretty doll <u>for</u> his daughter.
　　　S　 V　　　O_2　　　　　　O_1

2 文の要素と文型(2)

え〜、先生。じゃ、どんな時に to でどんな時に for なんですか？

それでは、次の表を見よう。＜to 型＞と＜for 型＞を分類したぞ。例文を O_2 to O_1 もしくは O_2 for O_1 に書き換えてみよう。

第4文型で用いられる主な動詞
＜to 型＞（O_2 to O_1 になる動詞）

動詞	意味	例文
send O_1 O_2	O_1 に O_2 を送る	She sent me a letter. 「彼女は私に手紙を送った。」
lend O_1 O_2	O_1 に O_2 を貸す	He will lend his friend this book. 「彼は友人にこの本を貸すでしょう。」
tell O_1 O_2	O_1 に O_2 を言う	My teacher told us jokes. 「先生は私たちに冗談を言った。」
bring O_1 O_2	O_1 に O_2 を持ってくる	Bring me something to drink, please. 「私に飲み物を持ってきて下さい。」
show O_1 O_2	O_1 に O_2 を見せる・教える	My teacher showed me his album. 「先生は私にアルバムを見せてくれた。」
teach O_1 O_2	O_1 に O_2 を教える	Who teaches us English? 「誰が私たちに英語を教えてくれるんですか。」
pay O_1 O_2	O_1 に O_2 を支払う	I will pay you the money next week. 「私は来週あなたにお金を支払います。」

＜for 型＞（O_2 for O_1 になる動詞）

動詞	意味	例文
buy O_1 O_2	O_1 に O_2 を買ってやる	He bought his daughter a pretty doll. 「彼は娘にかわいい人形を買ってやった。」
find O_1 O_2	O_1 に O_2 を見つけてやる	John found us a taxi. 「ジョンは私たちにタクシーを見つけてくれた。」
get O_1 O_2	O_1 に O_2 を手に入れてやる	He got me a watch. 「彼は私に時計を買ってくれた。」
make O_1 O_2	O_1 に O_2 を作ってやる	She made me a cup of tea. 「彼女は私に1杯の紅茶を入れてくれた。」
choose O_1 O_2	O_1 に O_2 を選んでやる	She chose me a new suit. 「彼女は私に新しいスーツを選んでくれた。」

そうか動詞で決まるのか。to や for 以外にはないんですか？

あるよ。ぜひ覚えてもらいたいのが **ask** だ。

---

ask O_1 O_2 ➡ ask O_2 <u>of</u> O_1　（O_1にO_2を頼む）

例文

May I ask you a ★favor?
　S　V　O_1　　O_2

May I ask a favor <u>of</u> you?
　S　V　O_2　　　　O_1

「あなたに親切な行為を頼んでいいですか。→　お願いがあるのですが。」

---

to 型の動詞と for 型の動詞を見分けるコツはないんですか？

一般に、利益や恩恵の意味を持つ動詞は for といわれるが、どうもまぎらわしい。**for 型の方が数が少ないからそれを確実に覚えておこう。**それ以外は to 型と考えよう。自分なりのゴロ合わせを考えるのもいいが、やっぱり"音読"。例文を徹底して音読しておくといい。そうすると、いつも口をついて出てくるから。

❷第5文型（SVOC）

いよいよ最後の文型だね。でも少し不安だなあ。だって SVOC と SVOO、最後が C（補語）なのか O（目的語）なのか、どうやって見分けるんだろう？

不安なのは、真剣に取り組んでいる証拠。さて、今回もヒントを参考に次の問題を解いてみよう。

2 文の要素と文型(2)

第2講

問 次の英文を日本語に訳せ。

- ☐ 1 She leaves the window open.
- ☐ 2 I found the book easy.

!ヒント

- ☐ 1 leave O C「OをC(の状態)のままにしておく」
  open 形「開いている」
- ☐ 2 find O C「OがCだとわかる」

解答

- ☐ 1 彼女は窓を開けたままにしておく。
- ☐ 2 私はその本が簡単だとわかった。

☐ 1 の open は動詞ではなくて形容詞なんだ。とすると、ヒントから the window が O (目的語)、open が C (補語)となって、☐ 1 は、

☐ 1　She leaves the window open.　＜第5文型＞
　　　 S 　　V 　　　 O 　　　 C

先生、第2文型 (SVC) の C (補語) と、第5文型 (SVOC) の C (補語)はどう違うんですか？

そう、読者も気になってると思うぞ。

第2文型

The window is open.　「窓が開いている。」
　　S　　　 V　 C

第2文型のC(補語)はS(主語)の状態・性質を説明しているから★主格補語というけど、第5文型(SVOC)のC(補語)はS(主語)ではなく、O(目的語)を説明しているので、★目的格補語というんだ。
☐ 1 の場合、open (C) なのは She (S) ではなく the window (O)

★ favor「親切な行為」
★ 主格補語 (subjective complement)
★ 目的格補語 (objective complement)

039

だから、open は目的格補語だよ。でも、ややこしい文法用語は無理して覚えることはない。理解して、問題文を音読しよう。

□ 2 は find O C「O が C だとわかる」の O (目的語) に the book、C (補語) に easy だね。

□ 2　I found the book easy.
　　　S　V　　O　　　C

文句なしだ。それでは、第 5 文型で使われる主な動詞をあげておくから、いつものように音読するんだよ。

第 5 文型で用いられる主な動詞

動詞	意味	例文
make O C	O を C (の状態) にする	We made him captain of our team. S　V　　O　　　C 「私たちは彼をチームのキャプテンにした。」
call O C	O を C と呼ぶ	They called him Jimmy. S　V　　O　　C 「彼らは彼をジミーと呼んだ。」
keep O C	O を C (の状態) にしておく	You should keep your hands clean. S　　V　　　O　　　C 「手をきれいにしておくべきだ。」
leave O C	O を C (の状態) のままにしておく	She leaves the window open. S　V　　O　　C 「彼女は窓を開けたままにしておく。」
name O C	O を C と名付ける	He named our baby James. S　V　　O　　C 「彼は私たちの赤ちゃんをジェームズと名付けた。」
believe O C	O を C だと信じる・思う	She believed him honest. S　V　　O　　C 「彼女は彼を正直だと思っていた。」
think O C	O を C だと思う	The students think him very kind. S　　V　　O　　C 「学生たちは彼をとても親切だと思う。」
find O C	O が C だとわかる	I found the book easy. S　V　　O　　C 「私はその本が簡単だとわかった。」

よし、音読まで終わったぞ。先生の言う通り、本当にしっかりやっているよ。だけど先生、俺は今まで部活を頑張ってきて、けっこう出遅れてるんだけど。本当に俺、早稲田大学に受かるのかなあ？

極めて難しいなあ。

何だって？　先生なら、きっと受かると言ってくれると思ったのに。

　DVDで言っただろう。難関大学に現役で受かりたければ、英語は高2の3月31日までにケリをつけるのが大切だ。英語は3年に持ち越すと、なかなか伸びず諦めモード。捨て教科となる。3年では、2年のうちに完成させた英語力をただ、キープ、メンテナンスし、他教科で逃げ切るんだと……。

じゃ、やっぱり、俺はダメなのかよ？

う〜ん、正直厳しい。だから、高1・高2の読者のみんな、高2のうちに英語は完成させるんだ。それができれば東大・京大・早慶・難関国公立大・医学部など、難関大学現役合格が確実に見えてくる。

読者に語るなよ。俺に語れよ。俺はどうなるんだ？

わかったな。厳しい現実を認識するんだ。もう、迷ってはいられない。「最短距離」だ。一気に駆け抜けるんだ。

「最短距離」って何だよ？

　DVDで説明しているが、まずは"文法"を短期完成させるんだ。でも、もう君は大丈夫。なぜなら、本書を手にし、一歩踏み出したから。グズグズするな。最終ページまで一気に進もう。難関大学に受かるためにやるべきことは決まっていて、それを完成させれば誰でも合格する。頭の良し悪しや、今までの成績は無関係だ。最後までついてこい。

わかった。相当厳しい現実を知った上で、間に合う、間に合わないは気にせず、今できる最大の努力をするよ。で、先生、1つ聞くよ。SVOOとSVOCはV（動詞）の後、OOかOCかどうやって見抜くの？

❸SVOOとSVOCの判別

次の問題を解いてみよう。

問 次の英文を日本語に訳せ。
☐ 1 He made his son a kite.
☐ 2 He made his son a doctor.

！ヒント
☐ 1 kite「凧(たこ)」

make O C（第5文型）「OをCにする」だから、☐1は「彼は息子を凧にした。」ですか。ひどい親だなあ。

そんな親はいないだろう。☐1は**SVOOの第4文型**で**make O₁ O₂「O₁にO₂を作ってやる」**だ。P.037を確認しよう。

解答
☐ 1 彼は息子に凧を作ってやった。
☐ 2 彼は息子を医者にした。

☐ 1　He made his son a kite.　＜第4文型＞
　　　S　V　　O₁　　O₂

そして、☐2が**make O C「OをCにする」**の第5文型だよ。

☐ 2　He made his son a doctor.　＜第5文型＞
　　　S　V　　O　　C

でも、どうやって区別したらいいんですか？

まず、**SVO₁O₂＜第4文型＞の場合にはO₁≠O₂が成り立ち、SVOC＜第5文型＞の場合にはO＝Cが成り立つ。**

$SVO_1O_2 \Rightarrow O_1 \neq O_2 \qquad SVOC \Rightarrow O = C$

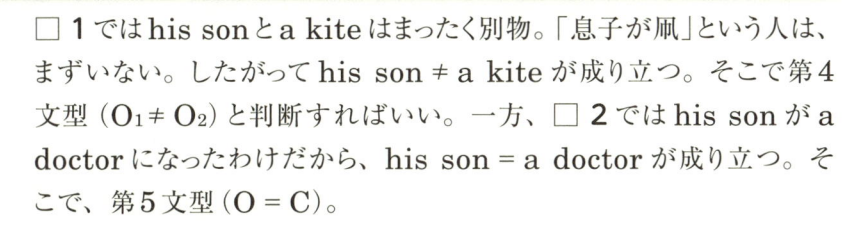

□1ではhis sonとa kiteはまったく別物。「息子が凧」という人は、まずいない。したがってhis son ≠ a kiteが成り立つ。そこで第4文型（$O_1 \neq O_2$）と判断すればいい。一方、□2ではhis sonがa doctorになったわけだから、his son = a doctorが成り立つ。そこで、第5文型（O = C）。

なるほど。makeという動詞は第4文型にも第5文型にも用いられるんだね。

そう。もちろん、第3文型にもなるぞ。

> **例文**
>
> He made some cookies. 「彼はクッキーを作った。」
> S　V　　　　O

へ〜。他にもいろいろな文型で用いられる動詞はありますか？

よし、例文をあげておこう。しっかり音読しろよ。

> **例文**
>
> ⓐ 第3文型
>
> He found the job easily. 「彼はその仕事を簡単に見つけた。」
> S　V　　O　　　副
>
> ⓑ 第4文型
>
> He found her the job. 「彼は彼女にその仕事を見つけてやった。」
> S　V　　O_1　O_2
>
> 　　　　her ≠ the job
>
> ⓒ 第5文型
>
> He found the job easy. 「彼はその仕事が簡単だとわかった。」
> S　V　　O　　C 形
>
> 　　　　the job = easy

> ⓐ find O 「Oを見つける」
> ⓑ find O₁ O₂ 「O₁にO₂を見つけてやる」
> ⓒ find O C 「OがCだとわかる」

よくわかった気がします。でも本当に理解しているかどうか、問題出して。

よっしゃ、量をこなすぞ。

問 日本文の意味に合うように、与えられた語を並べ換えよ。また、完成した英文の文型を答えよ。ただし □3 は並べ換えた部分の文型を答えよ。

- □1 彼女は昨日、私に自転車を貸してくれた。
  She [me / bicycle / her / lent] yesterday.
- □2 その少女が私に教会へ行く道を教えてくれた。
  The girl [showed / to / way / me / the] the church.
- □3 とても眠くて目を開けていられなかった。
  I was so sleepy that [couldn't / my eyes / keep / I / open].
- □4 私の答えは彼をとても怒らせた。
  My [very / him / made / answer / angry].
- □5 この鳥を英語で何と言いますか。
  What [call / in / this / you / English / bird / do]?

解答
- □1 She lent me her bicycle yesterday. 〈第4文型〉
- □2 The girl showed me the way to the church. 〈第4文型〉
- □3 I was so sleepy that I couldn't keep my eyes open. 〈第5文型〉
- □4 My answer made him very angry. 〈第5文型〉
- □5 What do you call this bird in English? 〈第5文型〉

😕 う〜ん、ちょっと難しいのもあったなあ。

😃 いわゆる応用だ。でも、どんな難関大学にも難しい問題なんて1つもないぞ。

😕 嘘だ。東大も難しくないの？

😃 その通り。ただ、君がその問題に出会ってないだけなんだ。本書で1度出会い、理解してしまえば、すべては当たり前の問題となるぞ。今回の応用問題もそう。これから、この渡辺と一緒にすべてを当たり前にするんだ。

では、まず □ 1 から。lent から P.037の **lend O_1 O_2「O_1にO_2を貸す」** を思い出そう。O_1に me、O_2に her bicycle を当てはめる。me ≠ her bicycle だから **O_1 ≠ O_2 が成り立ち第4文型** とわかる。

□ 2 は **show O_1 O_2「O_1にO_2を教える」** から O_1に me、O_2に the way を当てはめ、「〜へ行く道は」は、the way to 〜となる。me ≠ the way だから **O_1 ≠ O_2 が成り立ち第4文型** である。

□ 3 はまず so…that 〜「とても…なので〜」に気付き、that 以下を並べ換えるんだ。keep は P.040で表にしたように、**keep O C「O を C（の状態）にしておく」** だから、日本文を「私は目を開けた状態にしておくことができなかった。」と読み換えて、O に my eyes、C に open を当てはめる。なお open は P.039と同じく形容詞だ。my eyes「私の目」が open「開いている」わけだから、my eyes = open で **O = C が成り立つから第5文型**。

😕 え〜、そこんところがよくわからないなあ。my eyes = open がピンとこないよ。だって、目が開けられないんだから、my eyes ≠ open じゃないの？

😃 じゃ、第5文型を見抜く、もう1つの手を教えよう。

第5文型　SVOC ➡ ＜O＋be動詞＋C＞で意味が通じる

ここで、

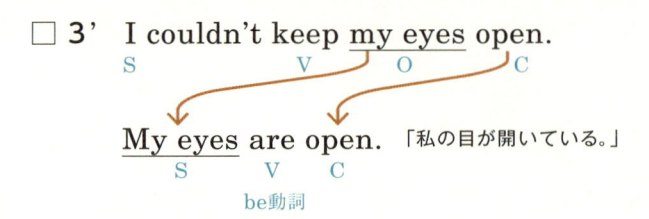

　　☐ 3'　I couldn't keep my eyes open.
　　　　　S　　　　 V　　　 O　　　C

　　　　　My eyes are open.　「私の目が開いている。」
　　　　　　S　　 V　　C
　　　　　　　　be動詞

ほら、O（目的語）を主語にしてC（補語）のopenをbe動詞の後にもってくれば、ちゃんと意味の通じる、文法的に正しい文となるだろう。

ホントだ。第5文型もこうやればすぐに見抜けるね。

☐ 4も日本文を読み換える必要がある。
「私の答えは彼をとても怒らせた。⇒私の答えは彼をとても怒った状態にした。」と考えて、P.040の＜ S **make O C** ＞「Sは **OをC（の状態）にする**」に当てはめると

　　☐ 4　My answer made him very angry.
　　　　　　S　　　 V　　 O　　　C

　him = very angry で **O ＝ C** が成り立つから、**第5文型**と判別できる。さらに＜ **O ＋ be動詞＋ C** ＞で He is very angry. としても、**意味が通じるから第5文型**と考えてもいい。

☐ 5は疑問詞 what が文頭にあるから少し難しい。動詞は call だから＜ S ＋ **call O C** ＞「Sは **OをCと呼ぶ**」を思い出そう。まず日本語をそのまま当てはめ、次に疑問詞を文頭に、そして疑問文の語順にすると、

　　☐ 5'　You call this bird what ~~in English~~?
　　　　　　S　　V　　 O　　　C　　 前

　　　　　What do you call this bird ~~in English~~?
　　　　　　C　　　　S　 V　　　O　　　　前

なお、主語の You は一般の人を表しているので、「あなたは」とは訳さないぞ。文型について、what だと少しわかりにくいと言うなら、what を、例えば a skylark「ひばり」に置き換えて考えるといいぞ。

□ 5″　You call this bird a skylark in English.
　　　　S　V　　O　　　　C　　　　前
「この鳥を英語で skylark と呼ぶ。」

こうなると this bird = a skylark (O = C) がハッキリするだろう。

□ 5 は少し苦労したけど、今後は大丈夫だよ。同じような問題が出たら、完全に正解が出せるよう完璧に復習するから。

そうだ。それでいいんだ。では次の問題。

問　次の英文を第3文型に書き換え、完成した英文を日本語に訳せ。

□ 1　He made her some coffee.
□ 2　Will you lend me this umbrella?
□ 3　Please get me a nice camera.
□ 4　My friend showed him her photos.

え〜っと P.037 でやった＜to 型＞と＜for 型＞、数の少ない＜for 型＞をまず思い出してみよう。＜for 型＞は buy、find、get、make、choose だから、

解答

□ 1　He made some coffee for her.
　　　彼は彼女にコーヒーを入れてあげた。

□ 2　Will you lend this umbrella to me?
　　　私にこの傘を貸してくれませんか。

□ 3　Please get a nice camera for me.
　　　私に素敵なカメラを手に入れて下さい。

□ 4　My friend showed her photos to him.
　　　私の友人は彼に彼女の写真を見せた。

□ 1のmakeは＜for型＞で**make O₁ O₂ ⇒ make O₂ for O₁「O₁にO₂を作ってやる」**

□ 2のlendは＜for型＞にないから、**lend O₁ O₂ ⇒ lend O₂ to O₁「O₁にO₂を貸す」**

□ 3のgetは＜for型＞で**get O₁ O₂ ⇒ get O₂ for O₁「O₁にO₂を手に入れてやる」**

□ 4のshowは＜for型＞にないから、**show O₁ O₂ ⇒ show O₂ to O₁「O₁にO₂を見せる」**

う〜ん、よくできた、完璧。では最後、もう1題問題をやってみよう。意外なものも含まれるが、その時はヒントを参考にするんだ。

問 次の英文を日本語に訳し、それぞれの文型を示せ。

□ 1 ⓐ This milk will keep for two days.
　　ⓑ She kept her ring in the box.
　　ⓒ We must keep quiet in this room.
　　ⓓ He kept his address a secret.
□ 2 ⓐ She got English lessons last year.
　　ⓑ My brother got to the station yesterday morning.
□ 3 ⓐ His grandfather left him a lot of money.
　　ⓑ He left Osaka for Nagoya at seven.
　　ⓒ She left her room dark.

ヒント

□ 1 S keep「S（食べ物など）がもつ」
　　keep O「Oをとっておく、保管する」
□ 2 get O「Oを得る、受ける」、get to 〜「〜に着く」
□ 3 leave O₁ O₂「O₁にO₂を（遺産として）残す」
　　leave O「Oを出発する」

解答

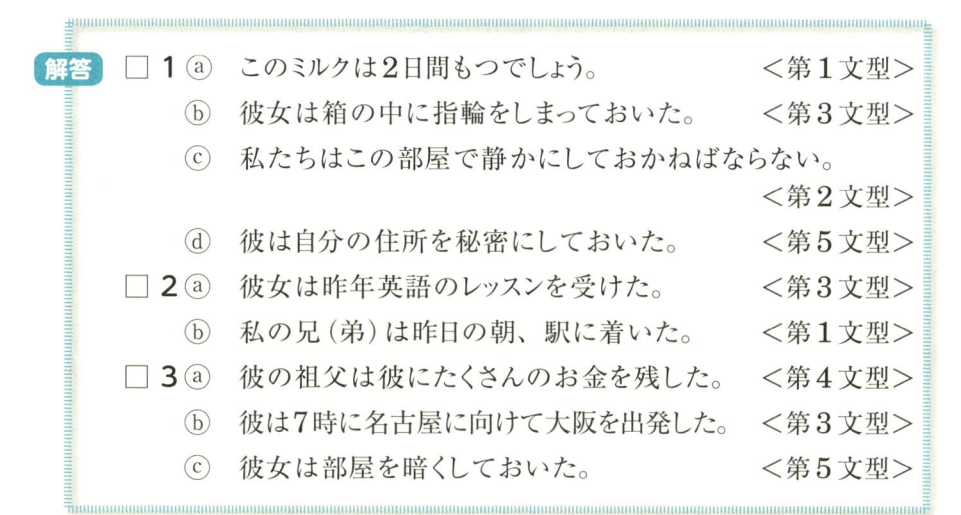

- **1**
  - ⓐ このミルクは2日間もつでしょう。 <第1文型>
  - ⓑ 彼女は箱の中に指輪をしまっておいた。 <第3文型>
  - ⓒ 私たちはこの部屋で静かにしておかねばならない。 <第2文型>
  - ⓓ 彼は自分の住所を秘密にしておいた。 <第5文型>
- **2**
  - ⓐ 彼女は昨年英語のレッスンを受けた。 <第3文型>
  - ⓑ 私の兄（弟）は昨日の朝、駅に着いた。 <第1文型>
- **3**
  - ⓐ 彼の祖父は彼にたくさんのお金を残した。 <第4文型>
  - ⓑ 彼は7時に名古屋に向けて大阪を出発した。 <第3文型>
  - ⓒ 彼女は部屋を暗くしておいた。 <第5文型>

あれ、□1ⓐこんな keep の使い方あったっけ？ ヒントを参考にしよう。**S keep「S（食べ物など）がもつ」**か。わかった、S（主語）に This milk を当てはめればいいんだな。そして前置詞 for 以下は5文型決定に関係ないから第1文型。

□ 1 ⓐ　<u>This milk</u> <u>will keep</u> <s>for two days</s>.
　　　　　S　　　　　V　　　　　前

そしてⓑもヒントを参考にして第3文型。

□ 1 ⓑ　She kept her ring <s>in the box</s>.
　　　　 S　V　　O　　　　前

□1ⓒは **keep C「C のままにしておく」**。

We = quiet、S = C が成り立ってるから第2文型。

□ 1 ⓒ　We must keep quiet <s>in this room</s>.
　　　　 S　　V　　　C　　　　前

□1ⓓは **keep O C「O を C（の状態）にしておく」**。his address = a secret、O = C が成り立っているから第5文型だ。

☐ 1 ⓓ　He kept his address a secret.
　　　　　S　 V　　　O　　　　C

だいぶ余裕が出てきたな。それでは☐ 2 ⓐ は She ≠ English lessons、last year「昨年」は時を表す語句（副詞）だから第3文型。

☐ 2 ⓐ　She got English lessons last year.
　　　　　S　 V　　　　O　　　　　　（副）

ⓑ V 以降の前置詞 to 以下は5文型決定に関係ないんだよね。yesterday morning は副詞。よって、第1文型。

☐ 2 ⓑ　My brother got to the station yesterday morning.
　　　　　　S　　　V　（前）　　　　　（副）

☐ 3 ⓐ は **leave O₁ O₂「O₁に O₂を（遺産として）残す」**、him ≠ a lot of money（O₁ ≠ O₂）だから第4文型。

☐ 3 ⓐ　His grandfather left him a lot of money.
　　　　　　S　　　　V　O₁　　O₂

ⓑ は He ≠ Osaka（S ≠ O）だから第3文型。

☐ 3 ⓑ　He left Osaka for Nagoya at seven.
　　　　　S　V　 O　　（前）　　（前）

ⓒ は her room = dark（O = C）、また Her room is dark. で文意が通る。

☐ 3 ⓒ　She left her room dark.
　　　　　S　 V　　O　　　C

このくらい簡単な解説で、もう君は十分だろう。

ⓒ は第5文型だね。一通りわかったよ。先が楽しみだなあ。このまま続けていけば、遅れていた英語がなんとかなりそうな気がするよ。俺、絶対、早稲田大学に合格してみせるからな。

なら、グズグズするな。もう立ち止まることはできない。先を急ぐぞ！

第3講

時制

1. 注意すべき現在時制
2. 過去時制と未来時制
3. 注意すべき進行形
4. 注意すべき完了形

第3講では時制を扱うぞ。ただ、時制というとあまりにも範囲が広すぎて、どこから始めてどこまで学べばいいのか、漠然としていて、つかみどころがないように感じる学生も少なくない。だが思い出そう。我々の目標は、ズバリ「**今の英語力に関わらず、誰もが短期間に英文法はトップレベルになること**」。だから、入試に頻出で、英文を理解する上で極めて重要、かつ、成績向上に即効性のあるものに絞り込んで、解説するぞ。

でも俺、高1なんだけど、中学時代はあんまり英語が得意じゃなかったんだよな。中学英語をやり直した方がいいかなあ？

その必要はないな。**リセットだ。過去はすべて忘れろ。** 人間、過去にこだわっていると前へと進めなくなる。**大切なのは今日以降**、俺との約束を守れるかどうかだ。

でも、高校英語の応用をやるのに、中学英語の基礎ができてないとダメでしょ？

本書なら、大丈夫。第3講も高校英語の応用をやるが、中学英語が苦手な君も必ずついてこれるよ。むしろ、今が人生最大のチャンスだ。高1なら、誰もが間違いなく、難関大学へ現役合格できるぞ。なにせ、英語にケリをつけなければならない、高2の3月31日までに少し時間があるから。

❶注意すべき現在時制

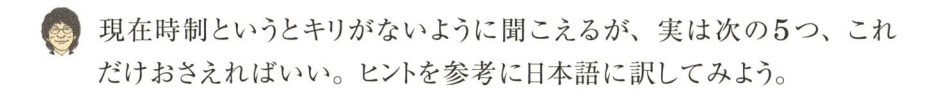

現在時制というとキリがないように聞こえるが、実は次の5つ、これだけおさえればいい。ヒントを参考に日本語に訳してみよう。

問 次の英文を日本語に訳せ。

☐ 1　I belong to the basketball club.
☐ 2　My mother plays tennis every Sunday.
☐ 3　Water boils at one hundred degrees.
☐ 4　John comes home tomorrow.
☐ 5　I will tell him the truth when I see him tomorrow.

!ヒント
☐ 1　belong to ～「～に所属している」
☐ 3　S boil「Sが沸騰する」、degree「(温度の)度(℃)」

すごく簡単なものばかりだ。

解答
☐ 1　私は、バスケットボール部に所属している。
☐ 2　私の母は、毎週日曜日にテニスをする。
☐ 3　水は、100度で沸騰する。
☐ 4　ジョンは、明日家に帰って来ます。
☐ 5　明日、彼に会う時、私は彼に真実を語るでしょう。

☐ 1は「所属している」なら、進行形にしないといけないんじゃないの？

いや、これでいいんだ。belong「所属している」は、**状態**を表す動詞だ。走ったり、食べたりといった、**動作**を表す動詞ではない。**状態動詞**は「～している」という日本語になるけど、**進行形にはしないぞ**。

その他、**状態動詞**には次のようなものがある。

状態動詞			
have	「持っている」	resemble	「似ている」
contain	「含んでいる」	know	「知っている」
believe	「信じている」	like	「好きである」
remember	「覚えている」	hate	「嫌う」

覚えるのが面倒だなあ。他にもあるだろうし……。

覚えなくても大丈夫。「走る」「食べる」などの**動作**ではなくて、**状態**を表すものと理解しよう。さらに、元々、継続的な意味を持つものが多いと考えればいいぞ。resemble、know、like など、一時的でなく継続的なものだろう。

□2 も簡単。一体これで何が言いたいの？

現在時制は、習慣的、反復的動作を表すんだ。このお母さんは、毎週日曜日に繰り返しテニスしてるんだな。うらやましいなあ。けど、俺も日曜日（日曜日に限らない）には、楽しみがあるんだ。全国の東進ハイスクール・東進衛星予備校800か所以上をどんどん回って、公開授業をやってるから。いつも映像授業を見てくれている全国のみんなと直接話せる、本当に楽しみな機会なんだ。

へ〜、俺は普通に会ってるけどな。でも、映像でしか見られない本人が来たら、きっと驚くだろうな。で、□3。これ、当たり前なんだけど。

そう。当たり前のこと、つまり**一般的事実や不変の真理は、現在形で表す**んだ。不変の真理、例えば、

> **例文**
>
> Light ★travels faster than sound.「光は、音より早く伝わる。」

3 時制

- □ 4 は tomorrow なのになぜ現在形なの？

- ジョンが明日家に帰ることは、確実なんだ。このような、**確定的な未来の予定は現在形で表す**んだ。これは**往来発着**を表す動詞に多いぞ。go（往）、come（来）、start・begin・leave（発）、arrive（着）などがその例だ。

- □ 5 もまた未来のことなのに、後半だけがなぜか現在形。変だ。

- これは相当重要だ。とっておきの解法も用意してるぞ。

> **時を表す副詞節　未来 ➡ 現在形**

まず、**時を表す副詞節**とは、時を表す接続詞（□ 5 では when）に導かれている主語、動詞（□ 5 では I see）のある 2 語以上のカタマリで、副詞の役割をしているものをいう。副詞とは、主に動詞にかかる（修飾する）ものだ。この節の中では未来のことも現在形で表すんだ。

　　□ 5　I will tell him the truth [when I ~~will~~ see him tomorrow].
　　　　　　　　　　　　　　　　　　　＜時を表す副詞節　未来⇒現在形＞

私が彼に会うのは明日、つまり未来なので、I will see him となるはずだが、時を表す副詞節なので現在形にする。よって will が消えて I see him となったんだ。

- なんかややこしいなあ。もっと簡単に解ける方法ないの？

- あるぞ。なんと、when の日本語訳で簡単に識別できるんだ。

> when 〜「〜する時」　　➡　副詞節 ➡ 未来を現在形に
> when 〜「いつ〜」　　　➡　名詞節 ➡ 未来は will で表す

□ 5 では、when 〜を「〜する時」と訳しているので副詞節。よって、**未来を現在形**にしたんだ。ところが次のような文では、

★ travel「（光・音・知らせなどが）伝わる」

> **例文**
>
> I don't know **when** he will come back.
> 「彼が、いつ戻ってくるかわからない。」

when 〜 を「いつ〜」と訳しているので、名詞節。**未来は未来形のまま**なんだ（will が残っている）。

🙂 よくわかったよ。じゃ、when の日本語訳で判断してみるよ。でも**時を表す接続詞**は、when だけじゃないでしょう？

🧑‍🏫 そう、他には次のようなものがあるよ。黒板の表を見て、後の問題に答えてみよう。

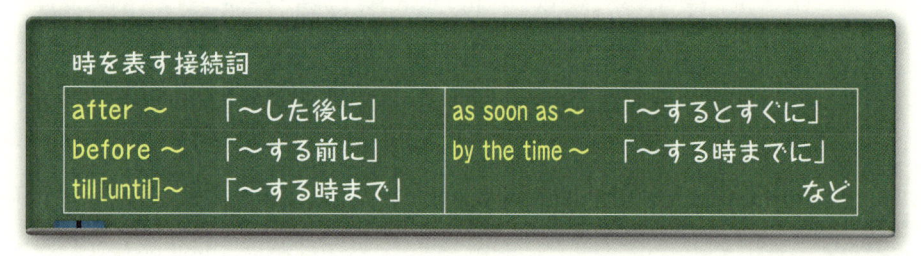

```
時を表す接続詞
after 〜         「〜した後に」      as soon as 〜    「〜するとすぐに」
before 〜        「〜する前に」      by the time 〜   「〜する時までに」
till[until] 〜   「〜する時まで」                                      など
```

問 次の英文の空所に入れるのに最もふさわしいものを、①〜③の中から1つ選べ。

☐ 1　Please wait until he (　　) back.
　　「彼が戻るまで待って下さい。」

　　① will come　　② come　　③ comes

解答 ☐ 1　③ comes

🙂 もう大丈夫。**until 以下は時を表す副詞節**だね。だから未来のことでも現在形で表すんだ。

- さらにもう1つ。**条件を表す副詞節**でもまた、未来のことを現在形で表現するんだ。
- え～、まだあるんですか？
- うん、でもこれは簡単。**条件を表す接続詞 if「もし～ならば」、unless「もし～でないなら」**などに導かれているのがポイントだ。

> **副詞節**
>
> ✗ If it will rain tomorrow, the baseball game will be postponed.
>
> ○ If it rains tomorrow, the baseball game will be postponed.
> 「もし明日雨が降るなら、野球の試合は延期されるでしょう。」

- ここでも、副詞節か名詞節か見抜かないといけないの？
- もちろん。ただし、**if の場合「もし～すれば」**と訳すことができれば、迷うことなく**副詞節**。未来を現在形にすればいいぞ。
- 確か if は「～かどうか」って訳すこともあるよね？ この場合は？
- その場合は**名詞節**。未来は will で表す。

> **名詞節**
>
> I don't know if he will come. ＜未来は will で表す＞
> 「彼が来るかどうかは、わかりません。」

- 日本語で見分けられるのは、簡単でいいな。次は過去時制と未来時制だね。

❷過去時制と未来時制

過去と未来を一気に攻略だ。まず、次の問題を解いてみよう。

問 次の英文を日本語に訳せ。

- ☐ 1 My brother played tennis last Wednesday.
- ☐ 2 My brother often played tennis.
- ☐ 3 My brother was a member of the tennis club.
- ☐ 4 My brother will play tennis next week.
- ☐ 5 My brother is going to play tennis next week.

なんだよ、ずいぶん簡単だな。高1の俺でも、いや中学生でも余裕だよ。答えは、

解答
- ☐ 1 私の兄（弟）は、この前の水曜日にテニスをした。
- ☐ 2 私の兄（弟）は、よくテニスをした。
- ☐ 3 私の兄（弟）は、そのテニス部のメンバーだった。
- ☐ 4 私の兄（弟）は、来週テニスをするだろう。
- ☐ 5 私の兄（弟）は、来週テニスをするつもりだ。

正解だ。☐ 1 は**過去の動作**、☐ 2 は**過去の習慣**、☐ 3 は**過去の状態**、☐ 4 と ☐ 5 は**未来を表す表現**。ただ、このへんは英文中にはしょっちゅう登場するけど、文法問題としてはあまり重要ではないから軽く流そう。もちろん、別の箇所でさらに掘り下げて解説するよ。

わかった。この本は試験に出るもの、特に大切なものに絞って、短期逆転を狙ったものなんでしょ？　何でも、すぐに結果が出ないことは続かないからね。楽しみだな、こんな俺でもトップレベルになれるなんて。

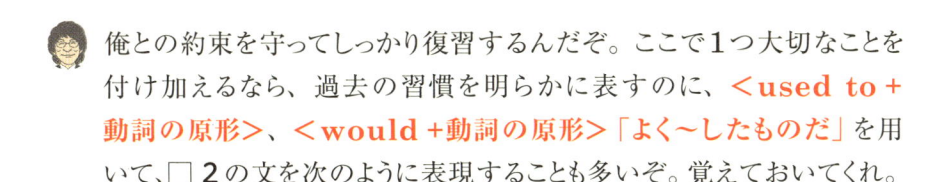

俺との約束を守ってしっかり復習するんだぞ。ここで1つ大切なことを付け加えるなら、過去の習慣を明らかに表すのに、**＜used to＋動詞の原形＞**、**＜would＋動詞の原形＞「よく〜したものだ」**を用いて、□2の文を次のように表現することも多いぞ。覚えておいてくれ。

□ 2' My brother used to [would] play tennis.
「私の兄（弟）はよくテニスをしたものである。」

❸注意すべき進行形

まず、進行形は＜be動詞＋〜ing＞だが、ご存じの通り、

現在進行形	is [am, are] 〜ing	「〜している（ところだ）」
過去進行形	was [were] 〜ing	「〜していた」
未来進行形	will be 〜ing	「〜しているだろう」

時制によって上の3つの進行形があるが、難関大学を目指す上で必須のポイントをあげておくぞ。まず、問題を解いてみよう。

問 次の英文を日本語に訳せ。

□ 1　Alice is always playing video games.
□ 2　I am leaving for Paris tonight.

解答
□ 1　アリスは、いつもテレビゲームばかりしている。
□ 2　私は、今夜パリに向かって出発します。

□1は、普通に「いつもテレビゲームをしているところだ。」、□2は「今夜パリに向かって出発しているところだ。」じゃダメかなぁ？

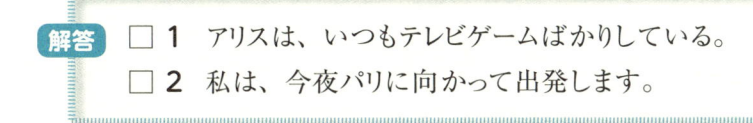

いかんなあ。それでは日本語として不自然だ。まず □1 は、**always** に注目だ。実はこの表現、進行形で絶えず繰り返される動作を表す。そこには話し手の非難、不満の感情が含まれているぞ。おそらく、話し手はお母さんで、アリスにもっと勉強してもらいたいのかもしれないな。そこで、＜be動詞＋〜ing＞を「〜してばかりいる」と不満を込めて訳すんだ。

always 以外に、この表現で使われる副詞はあるんですか？

constantly「絶えず」、**continually**「絶えず」なんかも使われるよ。

□2 で気になるのは、tonight「今夜」。だって、今夜は未来のことなのに、なんで現在進行形なの？

これは、現在進行形＜be動詞＋〜ing＞で、現在進行中の動作ではなく近い未来の確定的な予定を表しているんだ。□2 の人物は、今夜パリに向かうことは確実で、そのための準備を今進めている最中だというイメージを持てばいいぞ。

なるほど、進行形が「〜しているところだ」とは限らないんだ。それにしても、この人パリに行けていいなあ。

誰でも行けるよ。大学生になって君も行けばいい。

誰でもって、親は金なんて出してくれないよ。先生はもしかして、親が金持ちなんでしょう？

何言ってるんだ。うちの親父はマジシャンだと言っただろ。しかも2回しかテレビに出たことがない。そのせいで生活は苦しかったぞ。それならば、自分で出せばいいんだ。俺は車が好きだったから、大学時代、車を4台買ったよ。もちろん1台ずつローンで買った。月13万円払っていたけど余裕。君ならそのお金を旅行に当てればいい。もちろんおしゃれな服やバッグもプラスできるぞ。

えっ！ どうやって？ 欲しい物いっぱいあるけど、いつも我慢してる

のに。

1度きりの人生、好きな物くらいどんどん買えよ。その方法は？ よっしゃ、別の機会にこっそり君だけに教えよう。ただし、その前にこの講をどんどん進めていくんだ。

わかったよ。また別の機会か。じゃ、ここまでのところを本当に理解してるか、問題を出してよ。

OK。次の問題にチャレンジだ。

問 次の英文の空所に入れるのに最もふさわしいものを、①〜③の中から1つ選べ。また、完成した英文を日本語に訳せ。

☐ 1　The earth (　) around the sun once a year.
　　　① will go　　② went　　③ goes
☐ 2　We will go fishing if it (　) fine tomorrow.
　　　① will be　　② is　　③ was
☐ 3　He closely (　) his brother.
　　　① resemble　② is resembling　③ resembles
☐ 4　We don't know when he (　) home again.
　　　① will come　② come　　③ will be coming
☐ 5　Please call me as soon as you (　) to the station.
　　　① will get　　② get　　③ got

お疲れ、まずは解答から。

解答
☐ 1　③　地球は、1年に1度、太陽の周りを回る。
☐ 2　②　もし明日晴れれば、私たちは釣りに行くつもりだ。
☐ 3　③　彼は、お兄さんにとても似ている。
☐ 4　①　いつ彼が再び家に戻って来るかわからない。
☐ 5　②　駅に着いたらすぐ、私に電話して下さい。

まず、□1から。地球が1年に1度太陽の周りを回るのは、**不変の事実**。したがって現在形。

□2で、ifを「〜かどうか」ではなく、「もし〜ならば」と訳すので、if以下は、**条件を表す副詞節**。だから、明日のことでも現在形で表す。

□3のresembleは**状態動詞**なので、進行形にはしない。さらに、主語がheだから、三人称単数現在の**s**を付ける。

□4は、whenを「いつ〜」と訳すから**名詞節**で、未来はwillで表す。

ちょっと、早すぎるよ。ここまではなんとかなったけど、□5は解答を見てもよくわからないんだけど。

確かに、□5は少し迷う人もいるかもしれない。as soon as 〜「〜するとすぐに」は、**時を表す接続詞**。そして時を表す副詞節では、未来を現在形にするから、①のwill getではなく、②のgetが正解。

よし、この勢いで、時制を攻略するぞ！

❹注意すべき完了形

ここでもう1度確認しておくぞ。中学英語の復習をする気はさらさらない。中学英語の基礎力が少し欠けていたとしても、まずは高校生として、模試や大学入試で結果を出したい。そのために何をすべきかを突き詰めて問題選択にこだわった。大切なことは、「どうせ俺には無理」と決め付けないことだ。

わかったよ。とにかく言われた通りについていくから。

1. 現在完了形

まず基本を軽く確認しておこう。現在完了形は、★< have [has] + 過去分詞 >の形になるが、次の4つの意味を持つ。後の問題でチェックするぞ。

> ⓐ 完了　「〜してしまった」「〜したところだ」
> ⓑ 結果　「〜した（今は〜だ）」
> ⓒ 経験　「〜したことがある」
> ⓓ 継続　「（ずっと）〜している」

問 次の英文を日本語に訳せ。また、上のⓐ〜ⓓのうち、どの意味を表すかを答えよ。

□ 1　I have already finished my homework.
□ 2　My friend has lost his bag.
□ 3　She has seen that movie three times.
□ 4　We have known him for ten years.

なんだよこれ、余裕だよ。答えは、

解答
□ 1　私は、すでに宿題を終わらせてしまった。　　　ⓐ完了
□ 2　私の友達はカバンをなくしてしまった。　　　　ⓑ結果
□ 3　彼女はあの映画を3回見たことがある。　　　　ⓒ経験
□ 4　私たちは10年間、彼を知っている。　　　　　ⓓ継続

ほとんど正解。2、3質問するぞ。□2の文と、次の文の違いは何だ？

　　□ 2'　My friend lost his bag.　　＜過去形＞
　　　「私の友達はカバンをなくした。」

★否定文：S have not [haven't] +過去分詞…
　疑問文：Have S +過去分詞…?

□2の文は現在完了形で、□2'は過去形。訳もほぼ同じだし……。

過去形では、過去の1時点のことを表していて、現在のことには触れていないんだ。だから、過去においてカバンをなくしたけど、今現在カバンが出てきたのか、それとも、なくなったままなのかはわからない。これに対して、□2の現在完了形では、過去においてカバンがなくなり、今もないことを意味している。つまり**現在完了形では、過去で起こったことが現在どうなったのか**を表しているんだ。

う〜ん、なるほど。じゃ、後の□1、□3、□4は？

□1では、過去に宿題を始めて、今は終わってしまっているんだ。
□3では、過去にその映画を見て、今では3回見ている。
□4では、過去（10年前）に彼と知り合って、今でも知っているんだ。だから訳は「私たちは、彼と知り合ってから10年になる。」でもいいなあ。

現在完了形と過去形の違いが、どうもあいまいだったけどよくわかったよ。じゃ、ここから高校生として即戦力になるポイントを教えてくれるんだね。

いや待て。まだ今ひとつよくわからないのに、あいまいに放置しているところがあるだろう。次の3つの違いが言えるかな？

> **例文**
>
> □1 He has gone to Italy.
> □2 He has been to Italy twice.
> □3 He has just been to the post office.

例文の□1は、ⓑ結果の意味で、「彼は、イタリアに行ってしまった（今はここにいない）。」だよね。□2のbeenって何だろう？

ここがポイントだ。「行ったことがある」というⓒ経験の意味では、have gone toは使わず、have been toを使うんだ。そこで、

□ 2 は「彼はイタリアへ、2 度行ったことがある。」となる。ただ、twice「2 度」に注目すれば、経験の意味だと見当はつくけどね。

□ 3 も has been to で、ⓒ経験じゃないの？

う～ん、違うなあ。just「ちょうど」に注目しよう。just は完了の意味を持つ文で使われる。だから、□ 3 では has been to が「(ちょうど)～へ行って来たところだ」という ⓐ完了 の意味になるんだ。よって、訳は「彼はちょうど郵便局に行って来たところだ。」となる。

へ～、知らなかったなあ。でも逆に、どの意味の時どの語句（副詞）が使われるか知っていたら、語句を見ればどの意味で使われているのかわかりそうだね。

そうだ。ここで表にまとめておくぞ。

現在完了形で使われる副詞（句・節）

用法	語句	意味
完了（結果）	just already …yet?（疑問文） not…yet（否定文）	「ちょうど」 「すでに」 「もう…?」 「まだ…ない」
経験	before never ever once, twice three times	「以前に」 「1 度も…ない」 「今までに」 「1 度、2 度」 「3 度」
継続	for… since… How long…	「…の間」 「…以来」 「どのくらい（期間）」

こいつらを覚えておけば、なんとかなりそう。そうでしょ?

と思って油断すると、危険だ。難関大学はそう甘くない。次の問題を解いてみてくれ。

問　「　」内の日本語を参考にして、次の英文の間違いを訂正せよ。

☐ 1　My father has gone to London yesterday.
　　　「私の父は、昨日ロンドンへ行った。」

あっ、これはなんとなくおかしいよ。だって、現在完了形は過去に起こったことが、現在どうなっているかを表しているんでしょ？　なのに、yesterday って昨日のことでしょ。

よく気付いたぞ。yesterday は明らかに過去を表す語だ。このような語と一緒に、現在完了形は使えないぞ。だから、そんな時は過去形を用いるんだ。

解答　☐ 1　has gone　→　went
　　　My father went to London yesterday.

明らかに過去を表す語って、他にどんなのがあるんですか？

よっしゃ、次の一覧表で確認しておこう。

現在完了とともに用いられないもの

yesterday	「昨日」	in those days	「当時」
last night [week, year]	「昨夜［先週、昨年］」	When I was a child	「子供の頃」
in 2001	「2001年に」	When ～ ?	「いつ～？」
three days [years] ago	「3日前［3年前］」	What time ～ ?	「何時に～？」

　　　　　　　　　　　　　　　　　　　　　　　　　　　　など

例文

× When have you come to Japan?
○ When did you come to Japan?
　「あなたはいつ日本に来ましたか。」

2. 過去完了形

- よし、次は過去完了形だ。現在完了形が＜have [has]＋過去分詞＞だったから、過去完了形だとどういう形になると思う？

- う〜ん、単純に考えて＜had＋過去分詞＞じゃないの？

- そうだ。過去完了形は主語が I でも He でも They でも、人称や数に関係なく、いつも＜had＋過去分詞＞だから少し楽だな。

- じゃ、現在完了形とはどこが違うの？

- 簡単なことだよ。現在完了形の表す意味を、過去のある時点へずらして考えればいいんだ。

- えっ！ どういうこと？

- では、黒板にまとめてみるぞ。これを参考に後の問題を解いてみよう。

> ⓐ 完了、結果　「(過去のある時点までに)〜してしまっていた」
> ⓑ 経験　　　　「(過去のある時点までに)〜したことがあった」
> ⓒ 継続　　　　「(過去のある時点まで)ずっと〜だった」

問 次の英文を日本語に訳せ。また、上のⓐ〜ⓒのうち、どの意味を表すか答えよ。

- ☐ 1　When we arrived at her house, the party had already begun.
- ☐ 2　I recognized Mary easily because I had seen her three times before.
- ☐ 3　She had been ill in bed for two days when you visited her.

!ヒント

- ☐ 2　recognize O「O を誰だかわかる」、〜 times「〜回」
- ☐ 3　be ill in bed「病気で寝ている」

解答

☐ 1　私たちが彼女の家に着いた時には、パーティーはすでに始まっていた。
　　ⓐ完了、結果

☐ 2　以前に3回会ったことがあったので、私はすぐにメアリーだとわかった。
　　ⓑ経験

☐ 3　あなたが訪問した時には、彼女は2日間病気で寝ていた。
　　ⓒ継続

😐 まあ、だいたいわかったけど……少しややこしいなあ。

🧑‍🏫 なら、☐1〜☐3を図に示してみよう。

☐ 1「家に着いた時点でパーティーはすでに始まっていた。」　ⓐ完了、結果

arriv<u>e</u>d at her house ＜過去＞

☐ 2「メアリーだとわかった時点で、3回メアリーと会っていた。」　ⓑ経験

1回　2回　3回

recognized Mary ＜過去＞

☐ 3「訪問した時点で彼女は2日間病気で寝ていた。」　ⓒ継続

2日

visited her ＜過去＞

😮 要するに、基準となる時点を過去に移動して考えればいいってことでしょ？　なんとかなるよ。いや、なんとかします。

🧑‍🏫 でも、これで終わりじゃないぞ。

😨 えっ、まだあるの？

3 時制

じゃ、次の問題を解いてみよう。

> **問** 次の英文の [ ] 内の語を適当な形にせよ。
>
> □ 1　I lost the watch ★that I [buy] the day before.
> 　「私は前日に買った時計をなくした。」

そりゃ、前日に買ったんだから過去形で bought でいいんですよね？

大間違い。答えは、

> **解答** □ 1　I lost the watch that I **had bought** the day before.

えっ、なんで？

よく考えてみてくれ。時計を lost「なくした」のは過去。そしてその時計はなくした前日に買っている。

ということは、その時計を買ったのは過去よりさらに前？

そう、大過去だ。「時計を買った」のも「時計をなくした」のも、ともに過去の話だけど、時間的前後関係を明らかにするために、過去完了形で表すんだ。この用法を **大過去** というぞ。

へ〜、大過去なんてちょっとかっこいいなあ。

　　　had bought (the watch)　　lost the watch
　　　　過去完了＜大過去＞　　　　　過去

「時計をなくした」より以前に「時計を買った」

こういうことか。それじゃ、先生、いつも過去より前に起こったことは過去完了形で表すんですか？

いや、次の文を見てくれ。

★that＝関係代名詞

□ 1'　I **bought** a watch and lost it the next day.
「私は時計を買って次の日になくした。」

- あれ？　bought は過去形のままだぞ。変だなあ。

- □ 1'では bought と lost が、起こった時間的順序通りに並んでいるだろう？　bought が先で lost が後。そんな時は、両方過去形でいいぞ。

- そうか、さっきの問題 □ 1 の場合は、先に起こったこと（時計を買ったこと）が後にきているから、過去完了形を用いて時間的順序をハッキリさせたんだね。英語は奥が深そうだね。

- まだまだこれからだけどな。

3. 未来完了形

- え〜っ！　まだあるのかよ。でも、また基準となる時をずらすだけでしょ？　軽い、軽い。

- そう、うまくいくかな。ではまず、未来完了形とはどんな形？

- 未来完了形だから、もちろん★＜ will have ＋過去分詞＞でしょ？

- その通り。なかなかやるな。では、例によって未来完了形の表す意味を黒板にまとめるぞ。

ⓐ完了、結果　「（未来のある時点までに）〜してしまっているだろう」
ⓑ経験　　　　「（未来のある時点までに）〜したことになる（だろう）」
ⓒ継続　　　　「（未来のある時点まで）ずっと〜したことになる（だろう）」

- 現在完了形、過去完了形でやってきたから大丈夫。

- じゃ、いつものパターンで問題を解いて完全理解を目指そう。

問 次の英文を日本語に訳せ。また、左の ⓐ～ⓒ のうち、どの意味を表すか答えよ。

☐ 1　I will have finished my homework by seven tomorrow.
☐ 2　If you read this textbook again, you will have read it five times.
☐ 3　He will have worked at the office for ten years next month.

ヒント
☐ 1　by ～「～までに」＜期限＞

解答
☐ 1　私は明日の7時までに宿題を終わらせてしまっているでしょう。
　　ⓐ完了、結果
☐ 2　もし君がもう1度このテキストを読んだら、5回読んだことになる。
　　ⓑ経験
☐ 3　彼は来月で10年間、この事務所で働いたことになる。
　　ⓒ継続

もうここまでくれば、完了形というものが、だいぶわかってきたよ。でも、さっきみたいに図に示して説明してくれると嬉しいんだけど。

よっしゃ。

☐ 1　「明日の7時までに宿題を終えてしまっている。」　　ⓐ完了、結果

現在　　　by seven tomorrow ＜未来＞

★否定文：S will not [won't] have 過去分詞….
　疑問文：Will S have 過去分詞…？

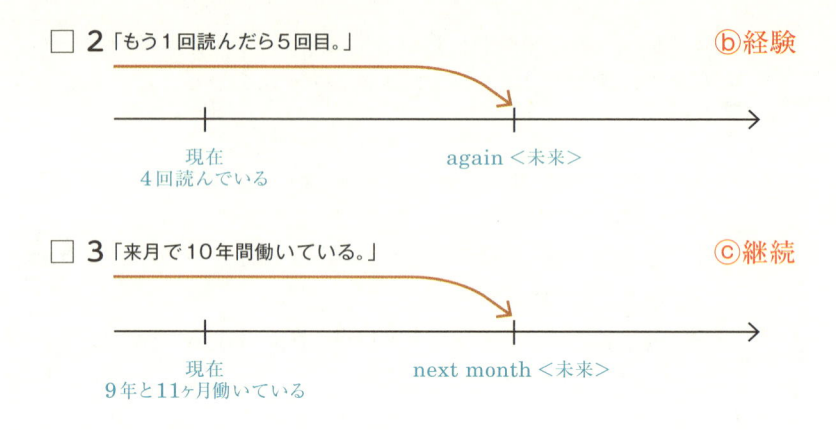

☐ 2 「もう1回読んだら5回目。」　　　　　　　　　　　　ⓑ 経験

現在　　　　　again ＜未来＞
4回読んでいる

☐ 3 「来月で10年間働いている。」　　　　　　　　　　　ⓒ 継続

現在　　　　　　next month ＜未来＞
9年と11ヶ月働いている

未来完了形のイメージがつかめたかな？

COLUMN

難関大学合格のための MISSION 2 ― 英熟語は即戦力

「すぐに結果が出るのなら、努力することも嫌ではない。」誰しもそう考える。しかし、英語は、模試の結果など努力の成果が目に見えるまで相当時間がかかる教科である。でも、一刻も早く結果が欲しいという人は、本書と並行して**英熟語**に取り組むことが得策。なぜなら、センター試験や難関私大の文法問題と言われる設問でも、実は、英熟語を知っていれば、なんとか解けてしまう問題も少なくないし、特に、語句を並べ換える整序問題では、英熟語に気付けば、与えられた語句の大半が正しく並んでしまうこともよくあるからだ。また、長文問題の空所に適語を補うような場合でも、少しばかり文脈に気を配れば、英熟語の知識で正解が出てしまう問題もしばしば目にする。さらに、直訳では意味の通じにくい英熟語のイメージを正しくとらえることが、長文速読には不可欠であろう。だからといって、「丸暗記せよ」と言っているのではない。次の点に留意して完成を急げ。

①熟語を構成する前置詞や副詞本来の意味を知ること。例えば、turn off の off は「切断・分離」の意味を持つから、「(明かり、テレビなど)を消す」のように、暗記の手助けとなったり、未知の熟語でも、おおよその意味を予測できるようになるはずである。

②make out や get over などの基本動詞と前置詞、副詞との組み合わせによるさまざまな意味に注意(早稲田大学など難関大学でも頻出である)。make、get などの基本動詞ごとにまとめて覚えよう。

③take care of、look after「〜の世話をする」などは、同じような意味ごとにまとめて整理することによって、書き換え問題や、長文内容一致問題に対応できるものにする。

具体的には、『共通テスト対応英熟語 750』(東進ブックス刊)などをお薦めする。暗記の方法については、本書『下巻』の冒頭を参照せよ。

第4講

助動詞

① can
② may
③ must
④ その他の助動詞
⑤ 助動詞+have+過去分詞
⑥ 助動詞を使った慣用表現

😊 よし、次は**助動詞**だ。大学受験レベルでは……、

😐 相当たくさんの種類の助動詞が登場する、と言いたいんでしょ？ イヤだな、暗記するのは。

😊 不思議だ。みんな英語を読みたい、書きたい、話したい、そう思っているのに、なぜか覚えるのはイヤ。自分の微妙な気持ちを相手に正確に伝えるには、助動詞なくしては考えられない。ただし安心してくれ。下巻の DVD で説明する"脳のしくみに従った効果的暗記法"に従えば、難なく暗記できるはず。日本史など他教科にも応用できるこの方法で、うまく切り抜けていこう。でも、まずは一気に読み進めるんだ。

😐 本当？ イヤだけど、頑張るよ。

❶ can

😊 まず、スタートは can から。次の表を確認しよう。

can	
can ＋動詞の原形	ⓐ可能・能力「〜できる」 ⓑ許可「〜してもよい」＝ may ⓒ可能性「〜であり得る」
can't [cannot] ＋動詞の原形	ⓓ否定的推量「〜のはずがない」
Can ＋ S ＋動詞の原形？	ⓔ強い疑い「一体〜であろうか(いやそんなはずはない)」
could ＋動詞の原形	ⓕ現在の推量、可能性「(ことによると)〜するかもしれない」

😐 わ〜、ずいぶんたくさん。

😊 次の問題を解いて、3回ほど音読しよう。

4 助動詞

問 次の英文を日本語に訳せ。

☐ 1　Mary can play the piano very well.
☐ 2　Can I use your car?
　　　Yes, you can. ／ No, you can't.
☐ 3　Children can be very cruel.
☐ 4　The rumor cannot [can't] be true.
☐ 5　Can the rumor be true?
☐ 6　The rumor could be true.

解答

☐ 1　メアリーはとても上手にピアノを弾くことができる。
☐ 2　あなたの車を使ってもいいですか。
　　　はい、いいです。／いいえ、いけません。
☐ 3　子供はとても残酷なことがあり得る。
☐ 4　その噂は本当のはずがない。
☐ 5　一体その噂は本当だろうか（いや、そんなはずはない）。
☐ 6　その噂は（ことによると）本当かもしれない。

🧑 音読したよ。でも先生、そもそも助動詞ってどんなふうに使うの？

🧑 まず動詞の前に置くんだが、この時、動詞は原形。

助動詞＋動詞の原形

また、☐1 のように Mary の後でも cans のように三人称単数現在の s を付けてはいけないぞ。疑問文は ☐2 のように、助動詞を主語の前に出す。

> I can use … ➡ Can I use …?

否定文は普通、助動詞の後に not を入れるが、can の場合、□ 4 のように cannot か can't とするのが普通。can not というふうに can と not を離すのは特別な場合を除き、まれだ。

- そのへんは中学時代に学んだけど、知らない人は「今」覚えろと言いたいんでしょ。過去は問題ではなく今日以降が大切だと。

- その通り。では、それぞれの使い方にいくつか大切な説明を加えるぞ。まず、□ 1 の can を 3 語で言い換えてみろ。

- なんだ簡単。be able to でしょ。だから、

    □ 1' Mary is able to play the piano very well.

- そうだ。例えば次のような文の場合、

    □ 1" Mary will be able to play the piano very well.　　　　　　　　　　　　　　　＜未来＞
    「メアリーはとても上手にピアノを弾けるようになるでしょう。」

未来を表す will は助動詞の一種だから、**助動詞を 2 つ並べて will can とはできない**。だから will be able to としたんだ。

- よくわかったよ。他に注意点は？

- □ 2 を過去形にして、

    □ 2' Could I use your car?

とすると、どんな感じかわかるか？

- ただの過去じゃないの？

- いや、丁寧な言い方なんだ。「あなたの車を使ってもよろしいでしょうか。」というように。

- へ〜、英語に敬語はないって聞いたことがあるんだけど、こんなふ

うにすればいいんだ。

👨 □3 は、子供って無邪気かと思えば、時にけっこう残酷だったりする、そういう可能性のあることを示している。

👦 □4 cannot [can't] は「できない」って意味じゃないの？

👨 もちろん cannot [can't] にはその意味もあるが、この文脈では変だろ。ここでは、ⓓ**否定的推量の「〜のはずがない」**。ここらあたりは、高校生として、ライバルに差をつけるポイントかな。さらに □5 Can 〜? を「〜できますか」と訳してはいけない。ここではⓔ**強い疑い「一体〜であろうか（いやそんなはずはない）」**といった反語的な使い方だ。

👦 最後の □6 なんだけど、could こそ、can の過去形で「〜できた」とは違うんですか？

👨 そう、これこれ。現在形で書かれている長文中にこの could が出てきて、「あれ？　なんで過去？」って、気になることがよくある。でも、これは過去形でも意味は過去ではなく、ⓕ**現在の推量、可能性**を表して「(ことによると)〜するかもしれない」。□6 では、その噂は嘘だと思うけど、あまり可能性は高くないものの、(ことによると)本当かもしれない、といったところなんだ。

👦 じゃ、先生、他にもさまざまな推量を表す助動詞があるけど、それぞれどう違うの？

👨 それは、話し手の確信の度合い、自信の程度が違うんだ。よっしゃ、推量の助動詞が一通り終わる P.093 で一覧表にしてみるか。例えば、

> may（〜かもしれない） > could（ことによると〜かもしれない）
> 　　　may より could の方が可能性が低い

というように。

❷ may

次は may。意味を一覧表にしてみよう。

may	
may ＋動詞の原形	ⓐ許可「～してもよい」＝ can
may not ＋動詞の原形	ⓑ不許可「～してはいけない」
may ＋動詞の原形	ⓒ推量「～するかもしれない」
may not ＋動詞の原形	ⓓ否定的推量「～しないかもしれない」
might ＋動詞の原形	ⓔ現在の推量「(ひょっとしたら)～するかもしれない」
May ＋S＋動詞の原形!	ⓕ祈願「S が～しますように」

またまたたくさん。覚悟を決めました。問題を出して下さい。

問 次の英文を日本語に訳せ。

☐ 1 You may use this bike.
☐ 2 You may not open the window.
☐ 3 It may rain this evening.
☐ 4 She may not believe his words.
☐ 5 It might rain this evening.
☐ 6 May you be happy!

解答
☐ 1 あなたはこの自転車を使ってもよい。
☐ 2 窓を開けてはいけない。
☐ 3 今夜雨が降るかもしれない。
☐ 4 彼女は彼の言葉を信じないかもしれない。
☐ 5 (ひょっとしたら)今夜雨が降るかもしれない。
☐ 6 あなたが幸せでありますように！

各文、3回音読したか？ では、それぞれを解説しよう。□ 1 ⓐ**許可**「～してもよい」はcanに書き換えられるぞ。また主語をIに変えて、疑問文にしてみると、

　　　□ 1' May I use this bike?

さて、その答え方は？ Yes（肯定）の場合……？

Yes, you may.「はい、いいですよ。」でしょ？

うん。もちろんそうだけど、ちょっと偉そうに聞こえるなあ。それだと少し上から目線。そこでYes, you can. とするか、会話の場合は以下の答え方がある。

> **例文**
>
> Yes, please.「はい、どうぞ。」
> Yes, certainly.「はい、いいですよ。」
> Sure.「もちろん。」
> Yes, of course.「はい、もちろんいいです。」
> Go ahead.「どうぞいいですよ。」
>
> 　　　　　　　　　　　　　　　　　　　　など

じゃ、No（否定）の場合はどうするの？

不許可を表したければ、No, you may [can] not.「いいえ、いけません。」、厳しく禁止するならNo, you must not.（→【③ must】参照）

いや～、知らなかったらYes, you may. って目上の人に言ってたかも。危ない、危ない。これからは気を付けます。

□ 2はⓑ**不許可**「～してはいけない」を表すが、さっきも言った通り、厳しい禁止を表したい時にはYou must not open the window.「窓を開けてはいけない。」とする。（→【③ must】参照）

mayはさらに、ⓒ**推量**「～するかもしれない」の意味があるんでしょ？

そう、□3と□4がそれだよ。□4の否定形 **may not**（ⓓ**否定的推量**）「**～しないかもしれない**」に注意しよう。

先生、□5の might は may の過去形ですよね。なのにⓔ現在の推量「(ひょっとしたら) ～するかもしれない」なんですか？

そう。might は形は過去形でも意味は現在。だから、決して、might を「～するかもしれなかった」などと訳さないように。**might は may より可能性が低い時に使うんだ。**そこで、□5を□3のように、

  □5' It may rain this evening.

とすると、□5の might の方が雨の降る確率がやや低いと考えられる。ただし、may と might の可能性の強さは、現実には大差なく使われることも多い。

じゃ、軽く意識しておくよ。で、最後の□6のⓕ**祈願**「**S が～しますように**」って、なんかいい感じの表現だね。友達に送るメールにでも使おうかな。

疑問文の語順で、文末には感嘆符（exclamation mark）「!」がつくことに注意しよう。

❸ must

ではmustの意味を一覧表にするから、それをヒントに後の問題にチャレンジしてくれ。

must	
must＋動詞の原形	ⓐ義務「〜しなければならない」
must not [mustn't] ＋動詞の原形	ⓑ禁止「〜してはならない」
need not [needn't] ＋動詞の原形	ⓒ「〜する必要がない」
must＋動詞の原形 ⇔ can't [cannot] ＋動詞の原形	ⓓ強い推量「〜にちがいない」 ⓔ否定の推量「〜のはずがない」
have to＋動詞の原形	ⓕ「〜しなければならない」
don't have to＋動詞の原形 （＝ need not＋動詞の原形）	ⓖ「〜する必要がない」

あれ、mustといいながら、いろいろな助動詞が並んでいるぞ。

ここでは、mustに関わる助動詞をまとめて覚えてしまうことが得策。あとあと、バラバラに出てくるとそのつながりがつかみづらくなる。それでは問題。

問 次の英文を日本語に訳せ。

☐ 1 You must come here soon.
☐ 2 You must not [mustn't] come here soon.
☐ 3 You need not [needn't] come here soon.
☐ 4 He must be over fifty.
☐ 5 He can't [cannot] be over fifty.
☐ 6 You have to come here soon.
☐ 7 You don't have to come here soon.

😕 一部が違っているだけでなんか似たような文が並んでいるんだけど。

😤 それは、理解を確実なものとするために意図的にやったこと。それでは先に解答を示すぞ。細部の違いに注意して答え合わせしてみてくれ。

解答

☐ 1 あなたはすぐここに来なければならない。
☐ 2 あなたはすぐここに来てはいけない。
☐ 3 あなたはすぐここに来る必要はない。
☐ 4 彼は50歳を超えているにちがいない。
☐ 5 彼は50歳を超えているはずがない。
☐ 6 あなたはすぐここに来なければならない。
☐ 7 あなたはすぐここに来る必要はない。

😕 表を見て解答したからなんとかできたけど、実際の英文中だとできるかなあ。しかも、なんでこんな訳になるかよくわからないところもあったしなあ。

😤 それだよ。しっかり理解できれば記憶にも残りやすいし、英文中でも難なく使えるだろう。では ☐ 1 から。**must は「〜しなければならない」**という ⓐ**義務**や**強制**を表すが、このように主語が you の時には注意。かなり命令調になって「すぐにここに来なさい」ぐらいの意味になるから、相手を選ぼう。

😐 先生、☐ 2 なんだけど、must「〜しなければならない」の否定 must not [mustn't] なら「〜しなくてもよい」じゃないんですか？

😤 ここがポイント。俺も中学生時代はそう思った。ところがなんと must not [mustn't] は、☐ 2 のように ⓑ**禁止「〜してはならない」**の意味を表すんだ。

😲 へ〜！ じゃ先生、「〜しなければならない」の否定で「〜しなくてもよい」となったら、どうやって表すの？

いい質問！　まるで打ち合わせがあるかのようだ。「～しなくてもよい」「～する必要がない」は、□3のように need not [needn't] を使う。
★need も助動詞で「～する必要がある」、その否定形で **need not** が「～する必要がない」となる。次の例文を見てくれ。

> **例文**
>
> Must I go now?「もう行かねばなりませんか。」
> →行かなければならない場合
> 　Yes, you must.「はい、行かねばなりません。」
> →行かなくてもいい場合
> 　No, you need not [needn't].
> 　「いいえ、その必要はありません。」

行かなくていい時に、No, you mustn't. と言ってしまったら？

「いいえ、行ってはいけません。」ⓑ**禁止**の意味になるから、相手はどうしたらいいのかわからなくなって、妙な顔をするだろうなあ。なお、Noの場合に No, you don't have to.「いいえ、その必要はありません。」と答えてもいいが、それは□7の解説で確認してくれ。

う～ん、よく注意します。ところで、must には別の意味でⓓ**強い推量「～にちがいない」**があるんですよね？

そう。だから□4のように、He「彼」の表情や髪型などから、かなり自信を持って He must be over fifty.「彼は50歳を超えているにちがいない。」と言っているんだ。

先生、それ自分のことですよね？

え～、そんなことないよ。こう見えても意外に若いんだ。俺の場合は、□5のように He can't [cannot] be over fifty.「彼は50歳を超えているはずがない。」と言ってくれよ。

そりゃ、無理だよ。

★助動詞 need は通例、疑問文・否定文で使う。

😊 まあ、おまえももうすぐオッサンだ。

😠 誰がオッサンやねん。ムカツクなあ。

😊 どうやら、知らないようだな。俺もこないだまで若者だったんだ。ところが気付いたらオッサン。君のお父さんもそう。君のおじいちゃんだってそうだ。人間、年齢が２倍になると時が進む体感速度も２倍になるんだ。小学校６年間はどうだった？　ずいぶん長かっただろう。ところが中学は？　けっこうペースが上がってきたな。高校３年生では、ちょっと前に高校に入学したと思ったら、気付いたらもう受験生だ。特に高３は、例外的に一生の中でも最も早く時間が流れてしまう、そんな１年だ。

😠 先生、何が言いたいんだよ？

😊 今、君は高１。大学受験はまだ先と考えてはいけない。英語は高２の３月31日までにケリをつけろと言ったはず。ならば高１がいかに大切かわかるだろう。だから、あえて言おう。高１は単に基礎力養成期間などではない。大学入試最大の山場だ。そこで我々の合い言葉は" 高１を制する者が大学入試を制す"。肝に銘じておけよ。いかん。話がそれてしまった。オッサンの話は置いといて先に進もう。で、どこまでいってたっけ？

😠 「〜にちがいない」の反対、「〜のはずがない」だよ。

😊 そう、そう。□４「50歳を超えているにちがいない（must）」の逆のイメージを表す　□５の「50歳を超えているはずがない（can't［cannot］）」、この違いをよくおさえておこう。

😠 先生、□１と□６は同じ訳だったんだけど、要するに must「〜しなければならない」と＜have to＋動詞の原形＞「〜しなければならない」は、同じ意味を表しているということですか？

😊 そう。ⓐ義務の意味を表す must は have to で書き換えられるんだ。

😠 じゃ、どんな時に have to を使うの？

🧑 実は、なんと must には過去形がない。そこで「〜しなければならなかった」と過去形で表現すべき時には、

> **例文**
>
> She had to study English hard.
> 「彼女は英語を一生懸命勉強しなければならなかった。」

というように **have to** を **had to** にする。さらに未来の場合、will must のように助動詞を2つ並べられないから、**will have to**「〜しなければならないだろう」とする。

> **例文**
>
> She will have to study English hard.
> 「彼女は英語を一生懸命勉強しなければならないだろう。」

🧑 なるほど。先生、もう1つ質問していい？ 疑問文を作る時、Must I 〜 ? のように must は主語の前に出たんだけど、have to の場合はどうなるの？

🧑 動詞の have「持っている」の場合と同じように考えよう。疑問文は

> **例文**
>
> Do you have to study English hard?
> 「あなたは英語を一生懸命勉強しなければならないのですか。」

🧑 じゃ、もし三人称単数現在、例えば主語が he ならどうなるの？

🧑 もちろん have to が **has to**、疑問文は **Does he have to 〜 ?** になる。

> **例文**
>
> He has to study English hard.
> 「彼は英語を一生懸命勉強しなければならない。」
>
> Does he have to study English hard?
> 「彼は英語を一生懸命勉強しなければなりませんか。」

あっ、わかった。□7の don't have to は have to の否定形なんだね。ということは、□3の文の need not を don't have to に書き換えられるんだね。やってみるよ。

　　□3' = 7　You don't have to come here soon.
　　　　　　「あなたはすぐここに来る必要はない。」

いいぞ、積極的になってきたなあ。

積極的ついでに聞いていい？ must と have to は、意味の上で、そもそもどう違うの？ まったく同じじゃないでしょ？

その通り。じゃ説明しよう。次の文のうち、自分の都合で「もう行かなくてはならない」のはどちらでしょう。

> **例文**
>
> □1 I must go now. 「もう行かなくてはなりません。」
> □2 I have to go now.「　　　〃　　　」

うーん、□1 かな。

当たり!! その理由は？

わかりません。テキトーに言いました。

なんだよ。must は **話し手の都合**など**主観的要因による義務、命令**。それに対して、have to は **外的要因**など**客観的事情による義務**。例えば □1 は、自分がやるべき仕事がたくさんあるとか疲れているとか自分側の理由で、□2 は、電車がなくなるとかなんらかの規則など、外的な事情で「行かなければならない」と言っているんだ。

4 助動詞

- ほお〜、高3の先輩が知っているか試してみよう。
- やめとけ！　あっ、1つ付け加えておくと、《口語》では have to と同じ意味で have got to と言うことがあるので注意しよう。
- わかりました。先生、このへんでここまでの知識が定着しているか問題を出して。can、may、must の範囲だよ。

問 次の英文の空所に [ ] 内の日本語を参考にして、空所に適当な助動詞を入れよ。また、完成した英文を日本語に訳せ。

☐ 1　She looks very young. She (　　) be over fifty.
　　　[〜のはずがない]
☐ 2　My son looks pale. He (　　) be ill. [〜にちがいない]
☐ 3　(　　) I borrow your books? / Sure. [〜してもよい]
☐ 4　Must I answer in English? / No, you (　　) not.
　　　[〜する必要がない]
☐ 5　You (　　) smoke in this room. [〜してはいけない]
☐ 6　(　　) it be right? [一体〜であろうか]

- どうかな、できたか？　ではまずは解答を確認してくれ。

解答

☐ 1　can't [cannot]
　　　彼女はとても若く見える。50歳を超えているはずがない。
☐ 2　must
　　　息子は青い顔をしている。彼は病気にちがいない。
☐ 3　May [Can]
　　　あなたの本を借りてもいいですか。／もちろんです。
☐ 4　need
　　　英語で答えなければいけませんか。／いいえ、その必要はありません。
☐ 5　mustn't
　　　この部屋でタバコを吸ってはいけません。
☐ 6　Can
　　　一体それは正しいのだろうか。

余裕だったなあ。□4で No, you don't have to. って答えたかったけど空所の数が合わないし、後ろに not があるから、少し考えて need にしたよ。

❹その他の助動詞

まだもう少し覚えてもらいたい助動詞を一覧表にするぞ。確認してくれ。

その他の助動詞

should ＋動詞の原形 ≒ ought to ＋動詞の原形	ⓐ義務「〜すべきだ」 ⓑ当然、推量「〜のはずだ」
will ＋動詞の原形	ⓒ固執「どうしても〜しようとする」
will not ＋動詞の原形	ⓓ拒絶「どうしても〜しようとしない」
would ＋動詞の原形 ≒ used to ＋動詞の原形	ⓔ過去の習慣「よく〜したものだ」
used to ＋動詞の原形	ⓕ過去の状態「以前〜だった」
need ＋動詞の原形（P.91）	ⓖ必要「〜する必要がある」（➡ must）
need not [needn't] ＋動詞の原形	ⓗ必要「〜する必要がない」（➡ must）

あ〜、まだずいぶんある。イヤだなあ。

イヤって言っても、自分の気持ちを相手に伝えるのには絶対必要なものばかり。日本語なら当たり前に使うものだよ。英語を使いこなしたい、難関大学に受かりたい、でも、イヤ。変な話だ。1度マスターしてしまえば、後は楽しいのに。

わかりました。問題を出して下さい。

> **問** 次の英文を日本語に訳せ。
>
> □1 Nick should [ought to] work harder.

- [ ] 2　She left early in the morning, so she should [ought to] be home now.
- [ ] 3　He would have his own way.
- [ ] 4　The door won't open.
- [ ] 5　He would often play tennis with his wife.
- [ ] 6　He used to play tennis on Sundays.
- [ ] 7　There used to be a church on the hill.
- [ ] 8　You need not [needn't] worry about your mistakes.

解答
- [ ] 1　ニックはもっと一生懸命働くべきだ。
- [ ] 2　彼女は朝早く出発したのだから、今ごろは家にいるはずだ。
- [ ] 3　彼はどうしても自分の思い通りにやろうとした。
- [ ] 4　ドアがどうしても開かない。
- [ ] 5　彼は奥さんとよくテニスをしたものだ。
- [ ] 6　彼は日曜日よくテニスをしたものだ。
- [ ] 7　丘の上に、以前教会があった。
- [ ] 8　間違いを気にする必要はない。

まずは should から。should は、この2つの意味 ⓐ**義務**「〜すべきだ」と ⓑ**当然、推量**「〜のはずだ」がある。

＜should ＋動詞の原形 ≒ ought to ＋動詞の原形＞って何？　should と ought to がほぼ同じ意味ってこと？

その通り。ただ、ought to の方がやや意味が強いと言われている。また、ought to は否定文と疑問文の語順にも注意だ。

- [ ] 1'　Nick **ought not to** work harder.
「ニックはもっと一生懸命働くべきではない。」
Ought Nick **to** work harder?
「ニックはもっと一生懸命働くべきですか。」
Yes, he ought (to).「はい、働くべきです。」

変な語順。けど、かえって記憶に残りやすいかな。先生、□3のwouldだけど、will ⓒ固執「どうしても～しようとする」の過去形ですね。

そう。ここではhave one's own way「自分の思い通りにする」という熟語にも注意だ。さらに、□4のように否定文で使うことも多いぞ（won't = will not）。

□5と□6、これもまたⓔ過去の習慣「よく～したものだ」で同じ意味なんだけれど、どう違うの？

どう思う？

□6のon Sundays、「日曜日に」がヒントなのかなあ。

おっ、なかなかいいところをついた。□6では、どうやら毎週決まってテニスをしていたようだ。だからused toは規則的な過去の習慣。それに対して□5は、奥さんと昔よくテニスをしたけど、いつも決まってしたわけではないようだ。だからwouldは不規則な過去の習慣に用いられると、こう言いたいのかな？

そうそう、それが言いたかったんだ。

でも、残念。学校でもそう習ったのかな。たくさんの英文をチェックしてみたら、例外がいくつも見られる。そこで見分けるポイント。

> (1) wouldはoften、sometimesなどを伴うことが多い。
> (2) used toは現在との対比を強調し、現在ではそうではない、という意味を含んでいるのに対し、wouldは含んでいない。

したがって、□6 used toでは、過去において日曜日によくテニスをしたが、現在ではしていないことを示している。□5 wouldは現在のことには触れていない。

😮 でも先生、used to の方はもう1つ意味があるよね。

🧑‍🏫 ⓕ**過去の状態「以前〜だった」**だ。これも、さっき言ったwouldとの違い、(2)と関係しているぞ。つまり「以前〜だった」が「今は〜ではない」という現在との対比を強調している。さらに、動作ではなく状態でも使うので注意だ。□7では、以前は丘の上に教会があったが、今ではもうないことを示している。

😮 へ〜、ちょっと寂しい表現だね。さて、あとは need。あれ？ 問題には否定文しかないんだけど。

🧑‍🏫 それでいいんだ。**助動詞の need は否定文か疑問文でしか使わない**。疑問文では、

　　□8' **Need** I worry about my mistakes?
　　　「自分の間違いを気にする必要はありますか。」

　　Yes, you **must**. 「はい、そうしなければいけません。」
　　No, you **need not**. 「いいえ、その必要はありません。」

😮 じゃ、肯定文ではどうするの？

🧑‍🏫 **一般動詞の need** を使うんだ。一般動詞である以上、動詞を2つ並べられないから、to 不定詞でつなげて、

---
need to ＋動詞の原形　＝　〜する必要がある
一般動詞

　　□8を一般動詞 need を使って肯定文にすると

　　□8" ○ You need to worry about your mistakes.
　　　　　　　　一般動詞
　　　「間違いを気にする必要がある。」

　　　　✕ You need worry about your mistakes.
　　　　　　助動詞 動詞の原形

😮 一般動詞の need は否定文や疑問文にできるよね？

もちろん。ただし一般動詞である以上、助動詞の need とは作り方が違うぞ。

> <否定文> You don't need to worry about your mistakes.
> 　　　　　　　　一般動詞
> 　「間違いを気にする必要はありません。」
> <疑問文> Do I need to worry about my mistakes?
> 　　　　　　　　　一般動詞
> 　「私は間違いを気にする必要がありますか。」
> Yes, you do. 「はい、そうする必要があります。」
> No, you don't. 「いいえ、必要ありません。」

あと、助動詞の need と一般動詞の need の違いで注意点は？

一般動詞の need は主語が三人称単数の場合、現在形では needs。

　□ 8'''　He needs to worry about his mistakes.
　　　　　　一般動詞

過去形では、

　□ 8''''　He needed to worry about his mistakes.
　<否定文>　He didn't need to worry about his mistakes.
　<疑問文>　Did he need to worry about his mistakes?

となることに注意しよう。

おっ、そうだ。P.077 で約束した**推量の助動詞の可能性の程度**を、話し手の確信の低い順にまとめておくぞ。

推量の助動詞の可能性の程度

可能性	助動詞	意味
低 ↑ ↓ 高	could	「(ことによると)～するかもしれない」
	might	「(ひょっとすると)～するかもしれない」
	may	「～するかもしれない」
	can	「～するかもしれない」
	should	「～するはずだ」
	ought to	「～するはずだ」
	would	「～するだろう」
	will	「～するだろう」
	must	「～するにちがいない」

へ～そうなんだ。英文を深く理解するのに使えそうだね。

❺助動詞＋have＋過去分詞

えっ、助動詞の後は動詞の原形かと思いきや、なんと完了形＜have＋過去分詞＞。一体これは何ですか？

ここは多くの学生が理解に苦しむところ。しかしこの形が次の2つに分かれることを確認しておけば、実は簡単。

助動詞＋have＋過去分詞　➡　ⓐ過去　ⓑ後悔

まずはⓐ**過去**から

must	
must＋動詞の*原形*	「～するにちがいない」
must have＋過去分詞	「～したにちがいない」

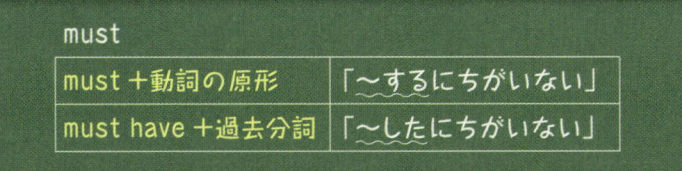

強い推量must「～にちがいない」の後が動詞の原形の場合には「～するにちがいない」、＜have＋過去分詞＞の場合は「～したにちがいない」となっている。

これって、動詞の原形の場合は現在の訳、＜have＋過去分詞＞は過去の訳。ただそれだけ？

それだけ。では次の問題をやってみて。

問 次の英文を日本語に訳せ。

☐ 1　My son must be ill.
　　　　　　　　　動詞の原形

☐ 2　My son must have been ill.
　　　　　　　　　have＋過去分詞

原形は現在、＜have＋過去分詞＞は過去。だから、

解答
☐ 1　私の息子は病気であるにちがいない。
☐ 2　私の息子は病気だったにちがいない。

その通り。でも「ちがいない」というところは変わらないことにも注目しておいてよ。

先生、この用法は全部の助動詞に当てはまるんですか？

いや、右の表だけ覚えておけばいい。どの助動詞と組み合わされているかチェックしてくれ。そして、次の問題を解いてみよう。

4 助動詞

may、cannot、should	
may ＋動詞の原形 may have ＋過去分詞	「～するかもしれない」 「～したかもしれない」
cannot [can't] ＋動詞の原形 cannot [can't] have ＋過去分詞	「～するはずがない」 「～したはずがない」
should [ought to] ＋動詞の原形 should [ought to] have ＋過去分詞	「～するはずだ」 「～したはずだ」「～してしまっているはずだ」

問 次の英文を日本語に訳せ。

☐ 1 Something may have happened to him.
☐ 2 She can't [cannot] have told such a lie.
☐ 3 She should [ought to] have been home yesterday.

解答 ☐ 1 何かが彼に起こったかもしれない。
☐ 2 彼女はそんな嘘を言ったはずがない。
☐ 3 彼女は昨日、家にいたはずだ。

まずは must、may、cannot、should の4つを完璧にするんだね。ところでさっきの ⓑ後悔 って何？

ⓑ 過去において実行されなかったことに対する「後悔」「非難」

では次の問題を解いてみよう。

> **問** 次の英文を日本語に訳せ。
>
> □ 1　I should study English harder.
> 　　　　　　　動詞の原形
>
> □ 2　I should have studied English harder.
> 　　　　　　　have +過去分詞

おや？　やっぱり、助動詞 should の後に＜ have +過去分詞＞。ということは、現在と過去の訳？

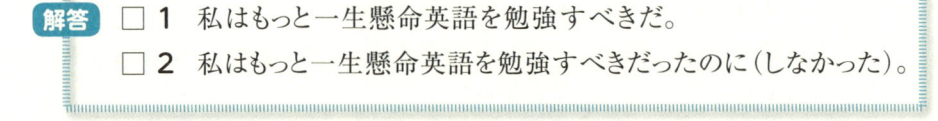

違う。

> **解答**　□ 1　私はもっと一生懸命英語を勉強すべきだ。
> 　　　　　□ 2　私はもっと一生懸命英語を勉強すべきだったのに（しなかった）。

□ 2 は＜ should have +過去分詞＞で「～すべきだったのに（しなかった）」という「**後悔**」や「**非難**」の気持ちを含んでいるぞ。

俺も高3でそうならないように、今頑張ります。

今1度、忠告する。英語は高2の3月31日までに完成させる。それができれば後悔はあり得ない。

高3の先輩もこの本をやっているよ。あんまりそれ言わない方がいいよ。

事実は事実だ。だから高3のみんなは相当厳しい現実を認識し、俺が指示する通りの方法で、本当に先を急げ。

あとは、この ⓑ**後悔** のパターンに当てはまるのは何？

あと1つ。should とともに表にしておくぞ。例文もチェックだ。

should、need not

should [ought to]＋動詞の原形 should [ought to] have＋過去分詞	義務「～すべきだ」 「～すべきだったのに（しなかった）」
need not＋動詞の原形 need not have＋過去分詞	「～する必要がない」 「～する必要がなかったのに（してしまった）」 ➡例文☐ 1

例文

☐ 1 You need not have come so early in the morning.
「朝、そんなに早く来る必要がなかったのに（来てしまった）。」

先生、あと1つだけ質問です。

☐ 1' You didn't need to come so early in the morning.

も、「朝、そんなに早く来る必要がなかった。」でしょ？ これと、どう違うの？

これは「来る必要がなかった」と言っているだけで、来たかどうかわからない。ところが例文の ☐ 1 は実際には来てしまって後悔（ここでは非難）しているんだよ。

へ～、話し手の気持ちまで伝えられるのか。

それでは最後、意外にも得点源となることが多い慣用表現。

なら、覚えたもん勝ちだね。

❻ 助動詞を使った慣用表現

一覧表を確認して後の問題を解いてみよう。

助動詞を使った慣用表現

had better ＋動詞の原形	ⓐ「〜した方がよい」
may well ＋動詞の原形	ⓑ「〜するのももっともだ」 ⓒ「多分〜だろう」
may [might] as well ＋動詞の原形 (as …)	ⓓ「(…するくらいなら)〜する方がましだ、〜する方がよい」 「(…するのは)〜するようなものだ」
cannot [can't] ＋動詞の原形＋ too …	ⓔ「いくら…してもしすぎることはない」
would rather ＋動詞の原形＋ than …	ⓕ「…するよりむしろ〜したい」
have only to ＋動詞の原形	ⓖ「〜しさえすればよい」
Will you ＋動詞の原形？	ⓗ「〜してくれませんか」
Would [Could] you ＋動詞の原形？	ⓘ「〜していただけませんか」

問 次の日本文の意味に合うように、与えられた語句を並べ換えよ。なお、文頭の語も小文字にしてある。

☐ 1 今日は家にいない方が良い。

　　We [stay / home / had / not / better] today.

☐ 2 彼女にお金を貸すくらいなら捨てた方がましだ。

　　You [as / throw / well / your money / might] away as lend it to her.

☐ 3 買い物に行くより海へ行きたい。

　　I [than / go to / would / the beach / rather] go shopping.

☐ 4 窓を開けてくれませんか。

　　[you / open / the / will / window]？

> **!ヒント**
>
> □ 2　throw O away「Oを捨てる」
> 　　　lend ～ to …「～を…に貸す」

解答

□ 1　We had better not stay home today.
□ 2　You might as well throw your money away as lend it to her.
□ 3　I would rather go to the beach than go shopping.
□ 4　Will you open the window?

あっ、しまった。□1を had not better stay home にしちゃった。ダメなのかな？

う〜ん、そこがワナだったんだ。had better は**2語で助動詞**だから、notはhad betterの直後に置いて **had better not** とするんだ。

今後注意します。もちろん hadn't better なんてのもダメだよね？

その通り。他の問題はどうだ？

一覧表の公式通り当てはめたから大丈夫。

なお □ 4 については、Would you ～? や Could you ～? とすれば、さらに丁寧になって「～していただけませんか。」となるぞ。

問　次の英文の空所に適語を入れよ。

□ 1　He (　　) (　　) be proud of his daughter.
　　「彼が娘を自慢するのももっともだ。」

□ 2　You (　　) (　　) (　　) careful in choosing your teacher.
　　「先生を選ぶのにいくら注意してもしすぎることはない。」

□ 3　You (　　) (　　) (　　) ask him for help.
　　「君は彼に助けを求めさえすればいいのだ。」

> **!ヒント**
> ☐ 1　be proud of 〜「〜を誇りに思う」
> ☐ 2　in 〜ing「〜する時に」
> ☐ 3　ask 〜 for …「〜に…を求める」

解答
☐ 1　He **may well** be proud of his daughter.
☐ 2　You **cannot** be **too** careful in choosing your teacher.
☐ 3　You **have only to** ask him for help.

- 助動詞はしっかり覚えておけばなんとかなりそうだ。
- そう。ただし、「**例文ごとに何度も音読**」が大切だよ。

第5講

受動態

❶ 受動態の基本
❷ 第4文型（SVOO）の受動態
❸ 第5文型（SVOC）の受動態／❹ 助動詞を含む受動態
❺ 受動態の否定文・疑問文／❻ 句動詞の受動態
❼ They say that ～「～だそうだ」の受動態
❽ 完了形・進行形の受動態
❾ by以外の前置詞を用いる受動態

❶受動態の基本

- あれ、またおまえか？ 次は高2の女子って聞いてたんだけど。
- 悪かったですね、俺で。高2の女子は先生のことキモイって言ってたよ。
- やっぱり。よく言われる。そんなことはどうでもいいんだ。さて、受動態。受動態ってどう思う？
- 俺、受動態好きですよ。だって公式通りにやればいいんだから。
- 「受動態は公式通り…」甘いなあ。中学英語と違ってさまざまなパターンが登場するぞ。でも、そこがまた面白い。楽しんでくれ。では、受動態の初歩の初歩、基本パターンから始めよう。

> **問** 次の英文を受動態に書き換えよ。
>
> ☐ 1 We love her.

- おっ、これなら大丈夫。まず訳は「私たちは彼女を愛している」。このような「〜する」という文が「能動態」だね。そして「〜される」という文に変えれば、それが「受動態」。だから……、

> **解答** ☐ 1 She is loved by us.

- そうだ。黒板に受動態を作るための基本ルールをまとめておくぞ。

⑴ 能動態の文の目的語を受動態の文の<u>主語</u>にする。
⑵ 動詞を＜be動詞＋過去分詞＞にする。
　➡ be動詞は受動態の文の主語の人称、数に合わせる。
　　be動詞の時制は能動態の文の時制に合わせる。
⑶ 能動態の文の主語を受動態の文の終わりに＜by〜＞にして置く。
　➡ by の後は目的格にしておく。by〜「〜によって」

㊌ We love her.「私たちは彼女を愛している。」
　　　(3) S　(2) V　(1) O

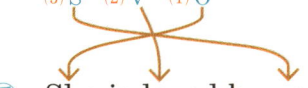

㊥ She is loved by us.「彼女は私たちによって愛されている。」
　　　be＋過去分詞

⬇

受動態の主語が She　｝なので be 動詞は is
能動態の時制が現在形

🧑 そうそう、こうやって受動態を作るんだった。

🧑 よ〜し、では次。

❷ 第4文型（SVOO）の受動態

🧑 おや、SVOO がこんなところでまた出てきた。

🧑 そうだろう。5文型をいいかげんに扱っていたら、ここでもまたワケがわからないことになっていたよ。本書の範囲だけはとにかく完璧に。これが俺たちの約束だったな。

🧑 しつこいな。わかった。きちんとやっているから大丈夫。さあ問題を出して。

問　次の英文を受動態に書き換えよ。

☐ 1　My mother gave me this ring.

🧑 まず文構造と訳を確認しよう。

㊌ My mother gave me this ring.「私の母は私にこの指輪をくれた。」
　　　S　　　　V　　O₁　　O₂

103

あれ、目的語が2つ。受動態を作る時は、どっちを主語にするの？

どちらでもいい。つまり**2通りの受動態**ができる。

> **解答**
> ☐ 1　I was given this ring by my mother.
> 　　　This ring was given (to) me by my mother.

[me（O_1）を受動態の主語にした場合]

能　My mother gave me this ring.
　　　④ S　　　② V　① O_1　③ O_2

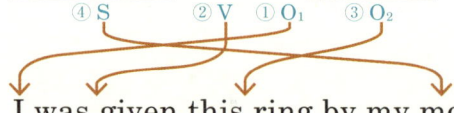

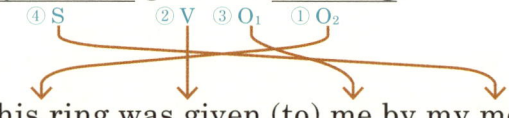

受　I was given this ring by my mother.
　　「私は母によってこの指輪を与えられた。」

まず ① me（O_1）を受動態の主語にして I、主語が I で過去形の文だから ② gave は＜be動詞＋過去分詞＞で was given だね。あれ？ ③ O_2 の this ring が残ってしまったぞ。

ここがポイント。③ this ring（O_2）はそのまま残しておく。その後、④ My mother に by を付けて文末に by my mother として置く。

[this ring（O_2）を受動態の主語にした場合]

能　My mother gave me this ring.
　　　④ S　　　② V　③ O_1　① O_2

受　This ring was given (to) me by my mother.
　　「この指輪は母によって私に与えられた。」

そうか、今度はまず ① this ring（O_2）を受動態の主語にして、主語が This ring で過去形の文だから ② gave は＜be動詞＋過去分詞＞で was given。そして、③ me をそのまま残して、最後に ④ by my mother か。なるほど。でも先生、(to) me の (to) って何ですか？

O₂（主に物）を受動態の主語にした時、残ったO₁（主に人）の前に**to**を入れておくこともあるんだ。この部分は、今後の展開によってさらに詳しく説明するかもしれないぞ。

❸第5文型(SVOC)の受動態

第4文型がきたら次は当然、第5文型。もしかしたら、第5文型SVOCでも、O（目的語）とC（補語）をそれぞれ主語にして、2通りの受動態ができるのかな？

大ハズレ！

えっ！　じゃ、どうすればいいんだよ？

> **問** 次の英文を受動態に書き換えよ。
>
> □ 1　He left the door open.

この文の構造と訳は、

能　He left the door open.「彼はドアを開けたままにしておいた。」
　　S　V　　O　　　C

SVOCの第5文型だね。O（目的語）とC（補語）をそれぞれ主語にした2通りの受動態は作れないんだよね。

いいな。**能動態のO（目的語）を受動態の主語にできるが、能動態のC（補語）は受動態の主語にはできない。**

じゃ、どうするの？

C（補語）は受動態の＜be動詞＋過去分詞＞の後にそのまま置いておくんだ。

解答 ☐ 1 The door was left open by him.

☐ 1 （能） He left the door open.
　　　　　④S ②V　①O　③C

（受） The door was left open by him.
「ドアは彼によって開けたままにされた。」

① 能動態の O（目的語）the door を受動態の主語に
② 動詞を＜be動詞＋過去分詞＞にするんだが、過去形の文なので was left
③ 能動態の C（補語）open は、そのまま was left の後に置くだけ
④ by him と続ける

あ～なるほど。なら第4文型より単純。だって1通りしかできないんだから……。ところで先生、第4講で助動詞についてかなり詳しくやったけど、当然、助動詞を含んだ受動態ってあるよね。

もちろん。もしかして、問題を出して欲しいの？

❹ 助動詞を含む受動態

問 次の英文を受動態に書き換えよ。

☐ 1 You must use a computer carefully.

解答 ☐ 1 A computer must be used carefully.

5 受動態

さて、まず訳してみるか。「あなたはコンピューターを注意深く使わなければならない。」

□ 1　能　You must use a computer carefully.
　　　　　④S　②助動詞　③V　①O　　　　⑤副詞

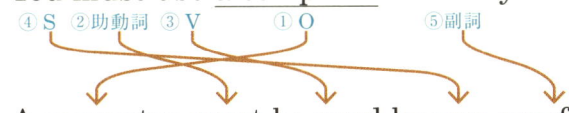

　　　　受　A computer must be used ~~by you~~ carefully.
　　　　「コンピューターは注意深く使われなければならない。」

① 能動態の O（目的語）a computer を受動態の主語に
② 助動詞 must は a computer の後にそのまま置く、ここが大切
③ ＜be動詞＋過去分詞＞の be動詞は助動詞の後なので原形、must の後に be used を置く
④ 能動態の主語 You を受動態では by you に
⑤ 副詞 carefully はそのまま最後に置く

なんだ、助動詞をそのまま使うだけか。助動詞の後が原形なのも当然だしね。でも④ by you、これって省略するんじゃなかったっけ？

そうだ。中学時代にやったような覚えがあるだろう。＜by ～＞は次の場合、通常省略するぞ。

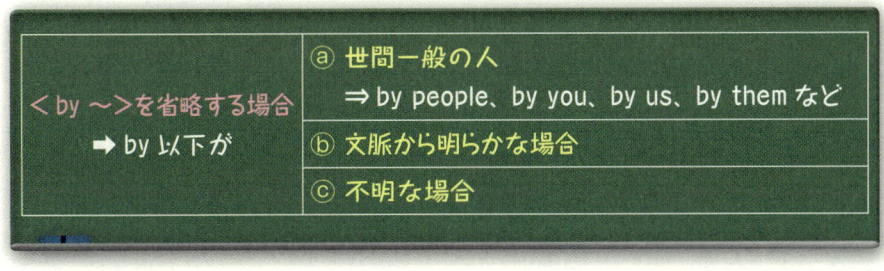

＜by ～＞を省略する場合　➡ by 以下が	ⓐ 世間一般の人　⇒ by people、by you、by us、by them など
	ⓑ 文脈から明らかな場合
	ⓒ 不明な場合

左の問題 □ 1 の場合も by you は省略するのが普通かな。コンピューターは一般に注意深く扱わないとまずいよな。この by you も ⓐ **世間一般の人**といえるだろ。だから訳も「あなたは」と訳さず省略した方がよかったよ。ⓑⓒの例として、

> **例文**
>
> ⓑ He was elected mayor of the city.「彼は市長に選ばれた。」
> →市民によって選ばれたのは明らか
> ⓒ A lot of people were killed in traffic accidents last year.
> 「昨年、多くの人が交通事故で亡くなった。」
> → by 以下が不明

今までなんとなく、＜by ～＞を省略していたけど、こういうルールがあったんだ。

もう1つ、簡単そうで意外にややこしいのが、受動態の否定文と疑問文だよ。

❺受動態の否定文・疑問文

さっそく、問題を解いてもらうが、基本に忠実に落ち着いて解こう。

問 次の英文を受動態に書き換えよ。

☐ 1 The teacher didn't answer his question.
「先生は彼の質問に答えなかった。」

☐ 2 Did she open the window?「彼女は窓を開けましたか。」

☐ 3 Can the student understand this word?
「その学生はこの単語の意味がわかりますか。」

えっ、今までと同じようにやればいいんでしょう？

5 受動態

> **解答**
> ☐ 1　His question wasn't answered by the teacher.
> ☐ 2　Was the window opened by her?
> ☐ 3　Can this word be understood by the student?

🧑‍🏫 まず、受動態に書き換える流れを解説しよう。

　　☐ 1　能　The teacher didn't answer his question.
　　　　　　　③ S　　　　否　　　② V　　　　① O

　　　　受　His question wasn't answered by the teacher.
　　　　　　　　　　　　　　否

注意点は動詞を＜be動詞＋過去分詞＞にするところだけど、能の文が過去形の否定文、受の主語が His question だから、be動詞は過去の否定形にして wasn't とするのがポイントだ。

🧑 ☐ 2 は疑問文。とすると受動態では be動詞を主語の前に置くんですね？

🧑‍🏫 そう。やってみるぞ。

　　☐ 2　能　Did she open the window?
　　　　　　　　　③ S　② V　① O

　　　× The window was opened by her?

　　　○ 受　Was the window opened by her?
　　　　　　↑疑問文なので be動詞 was を主語の前に出す。

🧑 ☐ 3 は助動詞 can のある受動態ですよね？

🧑‍🏫 もし疑問文でなければどうだろう？

🧑 いつものように

☐ 3' 　能　The student can understand this word.
　　　　　　④ S　　②助動詞　　③ V　　　①O

　　　　受　This word can be understood by the student.

この後、②助動詞 can を主語の前に出せば疑問文だね。

　　　　○　Can this word be understood by the student?

🧑 1度、肯定文に戻して考えてみるのも手だよ。ただ、疑問文の中には疑問詞があるものだってあるぞ。そうするとやや厄介だ。でも1度、経験してしまえば当たり前に変わるから。さあやってみるぞ。

問　次の英文を受動態に書き換えよ。

☐ 1　Who broke this vase?［2通りに］
　　　「誰がこの花瓶を壊しましたか。」

☐ 2　What do you call this bird in English?
　　　「この鳥を英語で何と呼びますか。」

解答　☐ 1　Who was this vase broken by?
　　　　　　By whom was this vase broken?

☐ 2　What is this bird called in English?

🧑 ちょっと待って！　☐ 1 を公式通りにやってみたら、

☐ 1　能　Who broke this vase?
　　　　　③ S　②V　　①O

　　　✗　受　This vase was broken by whom?

①能動態の O（目的語）this vase を受動態の主語にして

②能動態の V (動詞) broke は過去形なので was broken
③能動態の S (主語) who を by whom として文末に置く

これでいいんじゃないの？

いや、これだけでは不十分だ。まず、疑問詞は文頭にもっていくことを忘れるな。それと、疑問文なんだから受動態の主語 this vase の前に was を置こう。whom は文頭にきて Who となっているが、これは口語的な表現だよ。

□ 1　×　㊷　This vase was broken by whom?

　　　　○　㊷　Who was this vase broken by?
　　　　　　　　「この花瓶は誰によって壊されましたか。」

さらにもう1つ、by whom ごと文頭にまわして、

　　　　○　㊷　By whom was this vase broken?

も正解だが、こちらは文語的といえるぞ。

□ 2 は、call O C で「O を C と呼ぶ」だから、O (目的語) が this bird、C (補語) は What で文頭にきているんだね。

□ 2　㊸　What do you call this bird in English?
　　　　　　③C　　　④S　②V　　①O

　　　　㊷　What is this bird called by you in English?
　　　　　　「この鳥は英語で何と呼ばれますか。」

①能動態の O (目的語) this bird が受動態の主語になり
②能動態の V (動詞) call が is called となるが、疑問文なので is が this bird の前に出て
③疑問詞 what はそのまま文頭に
④能動態の S (主語) you は受動態で by you となるが、世間一般の人なので省略

よし、よくできた。しっかり復習して、いつでも解けるようにしておこう。

先生、ここまでいろんな受動態をやったから、まとめのチェック問題を出してくれない？

問 次の英文を受動態に書き換えよ。

☐ 1　A friend of mine showed me his album.［2通りに］
「友人の1人が私にアルバムを見せた。」

☐ 2　They elected Tom captain of their team.
「彼らはトムをチームのキャプテンに選んだ。」

☐ 3　Who invented this machine?［2通りに］
「誰がこの機械を発明しましたか。」

☐ 4　People don't eat pork in this country.
「この国では豚肉を食べない。」

ヒント

☐ 1　meとhis albumを主語にして受動態に。
☐ 2　Tomを主語にして受動態に。elect O C「OをCに選ぶ」。
☐ 3　By whomとWhoを文頭にして受動態に。invent O「Oを発明する」。
☐ 4　peopleは一般の人。否定文に注意。

解答

☐ 1　I was shown [showed] his album by a friend of mine.
　　　His album was shown [showed] (to) me by a friend of mine.

☐ 2　Tom was elected captain of their team ~~by them~~.
　　　　　　※themは明らかにチームのメンバー。だからby themを省略。

☐ 3　By whom was this machine invented?
　　　Who was this machine invented by?

☐ 4　Pork isn't eaten ~~by people~~ in this country.
　　　　　　　　　　　※一般の人だからby peopleを省略。

❻ 句動詞の受動態

- そもそも句動詞って何ですか？

- 例えば、laugh at ～「～を笑う」や look up to ～「～を尊敬する」のように、<動詞＋前置詞>などの**2語以上で1語の動詞の働きをするもの**だよ。

- え～、少し複雑になりそうだね。

- いや、簡単。句動詞をひとまとめにして**1つの動詞のように考えればいい**んだ。問題でチェックするか。

問 次の英文を受動態に書き換えよ。

☐ 1　She took care of the baby.
「彼女はその赤ちゃんの世話をした。」

☐ 2　All the students laughed at him.
「生徒たちはみんな、彼を笑った。」

解答
☐ 1　The baby was taken care of by her.
☐ 2　He was laughed at by all the students.

- ☐1の句動詞というのは take care of ～「～の世話をする」だね。じゃ、これをひとまとめに考えるということだけど、どうすればいいの？

took care of を1つの動詞のように考えればいいんだ。やってみるぞ。

□1 能 She took care of the baby.
　　　　③S　　②V　　　①O

　　受 The baby was taken care of by her.
　　　　　　　　be＋過去分詞
　　　「その赤ちゃんは彼女によって世話をされた。」

the baby を句動詞 took care of の O（目的語）のように考えて、

①能動態の O（目的語）the baby を受動態の主語に
②took care of をひとまとめにして考えるが、まず took を＜be動詞＋過去分詞＞にして was taken。その後にそのまま care of を続ける
③能動態の S（主語）she を by her として受動態の文末へ

な〜んだ、基本的な受動態の作り方とあまり変わらないなあ。後に care of をくっ付けるのを忘れなきゃいいだけか。

そうだよ。じゃ、念のためもう1つもやっておくかな。

□2 能 All the students laughed at him.
　　　　③S　　　　　②V　　　①O

　　受 He was laughed at by all the students.
　　　「彼は生徒たちみんなに笑われた。」

❼They say that〜「〜だそうだ」の受動態

🧑 何ですか？　これは。

🧑 少し特殊なのでここで取り上げるが、これについては次の公式に当てはめて覚えておくのが楽だな。後の問題で理解できたか確認してくれ。

```
能  They say that S' V' …   「S'は…V'するそうだ」
                 ↓
受  ⓐ  It is said that S' V' …   「S'は…V'すると言われている」
    ⓑ  S' is said to V'（原形）…   「S'は…V'するそうだ」
```

問　次の英文を受動態に書き換えよ。

□ 1　They say that she is very kind.［2通りに］
　　　「彼女はとても親切だそうだ。」

🧑 黒板の公式に当てはめればいいんでしょ。まず S' にあたるのが she、V' にあたるのが is だから、

解答　□ 1　ⓐ It is said that she is very kind.
　　　　　　ⓑ She is said to be very kind.
　　　　　　　　　　　　　　　原形

🧑 よし、いいぞ。1つ注意しておくと、ⓑの文で to の後は元の文のような is ではなく、原形の be としなきゃいけないぞ。さて、受動態の中でみんなを悩ませる、少し複雑な形が存在するのだが……。

❽完了形・進行形の受動態

🧑 へ〜、なんかピンとこないなあ。

👨 では、まず公式をお見せしよう。**完了形の受動態**から。たし算するぞ。

```
                              ↓ be動詞を過去分詞に
          完了形：    have   過去分詞
       ＋）受動態：          be動詞    過去分詞
       ─────────────────────────────────
          完了形の受動態： have   been    過去分詞
```

🧑 あ〜、なるほど。＜**have been** ＋**過去分詞**＞の形を覚えておけばいんだな。

👨 忘れたら公式のたし算をすればいいが、覚えておいた方が早いな。では問題。

問 次の英文を受動態に書き換えよ。

☐ 1 I have read this book.
「私はこの本を読んでしまった。」

🧑 お〜、これは現在完了形の中の ⓐ**完了** の意味だな。これを受動態にすると、

☐ 1 (能) I have read this book.
              ③S   ②V   ①O

     (受) This book has been read by me.

①能動態の O（目的語）を受動態の主語に

★②完了形の受動態の公式＜have been ＋過去分詞＞に当てはめて has been read。受動態の主語が this book だから has にする
③能動態の S（主語）を受動態では by me として文末に

解答 ☐ 1　This book has been read by me.

受動態の訳は「この本は私によって読まれてしまった。」となるが、やや不自然。そんな時は、受動態の文でも能動態の訳でいいよ。

え、そうなんだ。じゃ、次は **進行形の受動態**。また、たし算で公式を示して。

```
                    ↓be動詞を~ing 形に
  進行形：   be動詞    ~ing              「~している（ところだ）」
+) 受動態：            be動詞   過去分詞   「~される」
  進行形の受動態： be動詞  being  過去分詞  「~されている（ところだ）」
```

注意としては主語や時制によって最初の be 動詞はいろいろ変わるけど、**being は常に変化しない**ぞ。まあ、問題を解いた方がわかりやすいかも。

問　次の英文を受動態に書き換えよ。

☐ 1　She is writing a short novel.
　　「彼女は短編の小説を書いている。」

現在進行形だな。進行形の受動態は＜be動詞＋being＋過去分詞＞だったから、

★のところがポイント

□ 1　能　She is writing a short novel.
　　　　　　③S　　②V　　　　①O

　　　　受　A short novel is being written by her.
　　　　　　「短編小説が彼女によって書かれている。」

①能動態の O（目的語）を受動態の主語に
★②進行形の受動態の公式＜be動詞＋being＋過去分詞＞に当てはめて is being written、受動態の主語が a short novel で現在の文だから be動詞は is にする（being は常に変化しない）
③能動態の S（主語）を受動態では by her として文末に

> **解答**　□ 1　A short novel is being written by her.

よくできた。完了形、進行形の受動態もしっかり復習しておこう。言うまでもないが、ここに出てきた問題と解答の英文の音読も忘れないように。

❾by以外の前置詞を用いる受動態

先生、受動態で by 以外の前置詞を使うことがあるって本当ですか？

そう、最後にそれをまとめておくのがよさそうだ。例文も確認しよう。

感情・心理を表す動詞の受動態

be surprised at 〜	「〜に驚く」
be pleased with 〜	「〜を喜ぶ」
be interested in 〜	「〜に興味がある」
be satisfied with 〜	「〜に満足している」
be disappointed at [with] 〜	「〜に落胆する」
be tired of 〜	「〜にうんざりしている」

例文

□ 1 受　I was surprised at the noise.
　　　「私はその騒音に驚いた。」

先生、なんで受動態なのに「驚いた」なんですか？

いいところに気付いた。この感情・心理を表す動詞、例えば surprise は、能動態で「驚かせる」の意味がある。そこで受動態で「驚かされる」となり、先ほどの例文を訳すと「私はその騒音に驚かされた→驚いた。」となるんだ。つまり感情・心理を表す動詞は能動態で「〜させる」、受動態で「〜する」となるところに要注意。

例文

□ 1'　能　The noise surprised me.
　　　「その騒音は私を驚かせた。」

ここではもちろん by 以外の前置詞 at が重要ポイント。しっかり覚えよう。次は被害を表す動詞の受動態。表にまとめるよ。

被害を表す動詞の受動態

be killed in 〜	「〜（戦争、事故）で死ぬ」
be injured in 〜	「〜でけがをする」
be caught in a shower	「にわか雨にあう」
be delayed	「遅れる」
be hurt	「けがをする」

例文

□ 1　A lot of people were killed in World War Ⅱ.
　　「たくさんの人が第2次世界大戦で死んだ。」

★のところがポイント

😟 あれ、この例文、なんで were killed で「死んだ」なの？

😎 英語では、戦争や交通事故で死ぬ場合、be killed「殺された」と表現するぞ。考えてみれば実際「殺される」わけだから理にかなっている。さらに injure、hurt は能動態で「けがをさせる」、受動態で「けがをさせられる→けがをする」となる。delay は能動態で「遅らせる」、受動態で「遅れる」。受動態は普通、前置詞は by だけど、状況によっていろいろ違ってくる。

😊 by 以外にもいろいろあるんだね。先生、その他の by 以外の受動態をまとめてくれる？

😎 よし、ここが意外とよくテストに出るぞ。

by 以外の前置詞を用いる動詞の受動態	
be covered with ～	「～で覆われている」
be filled with ～	「～でいっぱいである」
be known to ～	「～（人）に知られている」
be known by ～	「～（基準）で判断される」
be made of ～	「～（材料）でできている」
be made from ～	「～（原料）から作られる」

例文

☐ 1 She is known to everybody in this town.
「彼女はこの町のみんなに知られている。」

☐ 2 A tree is known by its fruit.
「木は果実で判断される〈ことわざ〉。→子を見れば親がわかる。」

☐ 3 This table is made of ★wood.「このテーブルは木でできている。」
材料

☐ 4 Wine is made from ★grapes.「ワインはぶどうから作られる。」
原料

😎 では、最後にまとめ問題。落ち着いて全問正解を狙ってくれ。

5 受動態

問

1. 次の英文を受動態に書き換え、完成した英文を日本語に訳せ。

   □ 1　All the students looked up to the principal.
   □ 2　They say that he is seriously ill.［2通りに］
   □ 3　An old painter was painting a self-portrait.
   □ 4　The child has already finished his homework.

2. 日本文の意味に合うように英文の空所に適語を入れよ。

   □ 1　その部屋は学生でいっぱいだった。
   　　　The room was filled (　　) students.
   □ 2　彼女は試験の結果に満足していない。
   　　　She (　　) not (　　) (　　) the result of the examination.
   □ 3　彼らは学校へ行く途中、にわか雨にあった。
   　　　They (　　) (　　) (　　) a shower on the way to school.

！ヒント

1. □ 1　look up to ～「～を尊敬する」、principal「校長先生」
   □ 3　self-portrait「自画像」
2. □ 2　the result of ～「～の結果」
   □ 3　on the way to ～「～へ行く途中で」

★table は wood が材料となってできるから of、wine の原料は grape だから from を使うんだ。

> **解答** 1.

- ☐ 1　The principal was looked up to by all the students.
  校長先生は生徒みんなに尊敬されていた。
- ☐ 2　It is said that he is seriously ill.
  He is said to be seriously ill.
  彼は重病だそうだ。
- ☐ 3　A self-portrait was being painted by an old painter.
  自画像が1人の老画家によって描かれていた。
- ☐ 4　His homework has already been finished by the child.
  その子供はすでに宿題を終えてしまった。

2.

- ☐ 1　The room was filled with students.
- ☐ 2　She is not satisfied with the result of the examination.
- ☐ 3　They were caught in a shower on the way to school.

あ〜、1つ間違えた。

ならば、その関連箇所をもう1度読み直そう。

第6講

不定詞(1)

❶ to不定詞の特徴
❷ 名詞用法
❸ 形容詞用法
❹ 副詞用法

❶to不定詞の特徴

👩 先生、「不定詞」って変ですね。だって「不定」なんて。

👨 そう文字通り、定まっていない品詞なんだ。（→ P.144）ある時は「名詞」に、ある時は「形容詞」に、またある時は「副詞」にと、変幻自在なんだ。

```
不定詞 ┬─ 名詞（用法）
       ├─ 形容詞（用法）
       └─ 副詞（用法）
```

👩 どういうこと？ いろんな形に変わるってことですか？

👨 いや、まず次の形をおさえるんだ。

to ＋動詞の原形

例えば run「走る」なら to run、eat「食べる」なら to eat、のようにだ。これが **to不定詞の基本形** だ。

👩 へ〜、簡単。じゃ、walk「歩く」なら to walk ですね。

👨 そう。それができたら次へいくぞ。まずは「名詞用法」からだ。

❷名詞用法

to不定詞は＜to＋動詞の原形＞と言ったが、名詞用法では次の意味を覚えてくれ。

名詞用法：to＋動詞の原形「〜すること」

例えばさっきの to run なら「走ること」、to eat なら「食べること」になるぞ。

なら、to walk は「歩くこと」ですね。単純ですね。

そうだ。そんな**単純なことの積み重ねが、複雑で難解な英文になる**んだ。だから**難関大学合格とはしょせん、基本事項の積み重ねにすぎない**んだ。

わかってるよ、何度も聞いたから。早く先にいきたいです。

よっしゃ。次の問題を解いてみろ！ ＜to＋動詞の原形＞で「〜すること」に注意するんだ。

問 次の英文を日本語に訳せ。

☐ 1　To walk in the park is good for your health.
☐ 2　My dream is to be a doctor.
☐ 3　I decided to take a taxi.

解答
☐ 1　公園を歩くことは健康に良い。
☐ 2　私の夢は医者になることだ。
☐ 3　私はタクシーに乗ることに決めた。

さあ、できたかな？

> **名詞用法の不定詞**
> ⓐ主語　ⓑ補語　ⓒ目的語　になる

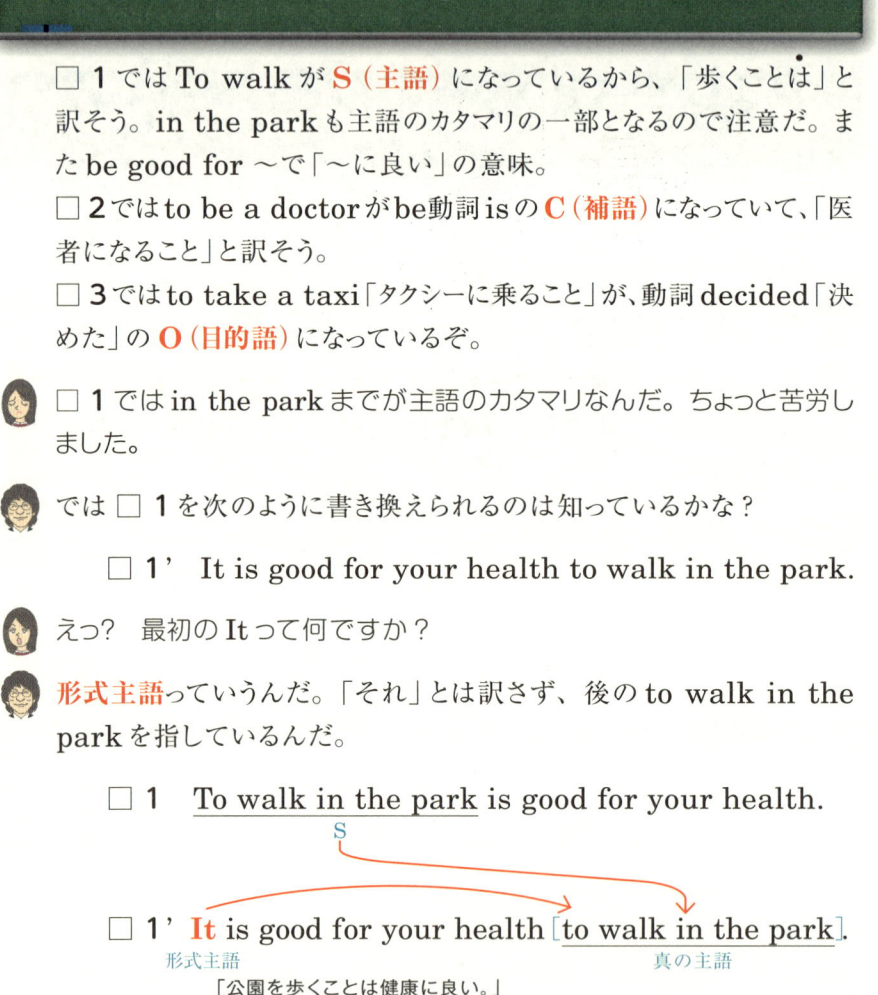

□1ではTo walkが**S（主語）**になっているから、「歩くことは」と訳そう。in the parkも主語のカタマリの一部となるので注意だ。またbe good for ～で「～に良い」の意味。

□2ではto be a doctorがbe動詞isの**C（補語）**になっていて、「医者になること」と訳そう。

□3ではto take a taxi「タクシーに乗ること」が、動詞decided「決めた」の**O（目的語）**になっているぞ。

□1ではin the parkまでが主語のカタマリなんだ。ちょっと苦労しました。

では□1を次のように書き換えられるのは知っているかな？

　　□1'　It is good for your health to walk in the park.

えっ？　最初のItって何ですか？

形式主語っていうんだ。「それ」とは訳さず、後のto walk in the parkを指しているんだ。

　　□1　<u>To walk in the park</u> is good for your health.
　　　　　　　　S

　　□1'　**It** is good for your health [to walk in the park].
　　　　　形式主語　　　　　　　　　　　　　　　真の主語
　　　　「公園を歩くことは健康に良い。」

なんでそんなことするんですか？

英語では長い主語は嫌われることが多い。だからTo walk以下を後ろにもっていく。でも、そうすると主語の部分がなくなるよな。そこで**形式主語のIt**を置いたんだ。

6 不定詞(1)

👩 なるほど、わかった。ところで先生、□3の decided to take みたいに、to不定詞が目的語になるのって他にどんなのがあるの？

👨 OK！ 代表的なものを表にまとめておくよ。

to不定詞が目的語になる例		
start to ＋動詞の原形	「〜することを始める」	➡「〜し始める」
want to ＋動詞の原形	「〜することを欲する」	➡「〜したい」
like to ＋動詞の原形	「〜することが好きだ」	
hope to ＋動詞の原形	「〜することを望む」	
begin to ＋動詞の原形	「〜し始める」	

👨 さらに、もう1題。it は「それ」とは訳さないぞ。

問 次の英文を日本語に訳せ。

□1　I found it impossible to finish the work in a few minutes.

👩 it を「それ」と訳さないとしたら、さっきの形式主語に似てるなあ。もしかしたら it が後の to 以下を指しているのかなあ？

👨 その通り。この it は **形式目的語** というぞ。ヒントは find O C で「O が C だとわかる」。

解答　□1　私はその仕事を数分で終えることが不可能だとわかった。

👨 説明しよう。

□1　I found it impossible [to finish the work in a few minutes].
　　　　S　　V　 O 　　 C
　　　　　　形式目的語　　　　　　　　　　　真の目的語

find O C「O が C だとわかる」の O に形式目的語 it がきていて、C には impossible「不可能な」があるぞ。**it = to finish the work in a few minutes**「その仕事を数分で終えること」だから、解答のような訳になるんだ。

ちょっと複雑だけど、しっかり音読して覚えてしまうから大丈夫。先生、あと何か大切なことってありますか？

よし、もう1つだけ。**＜疑問詞＋to不定詞＞**をマスターすれば次へ進めるぞ。

問 次の英文を日本語に訳せ。

☐ 1 I don't know what to say next.
☐ 2 Please tell me where to go.

解答
☐ 1 私は次に何を言ったらいいのかわからない。
☐ 2 私にどこへ行くべきか教えて下さい。

先生、what to say ってどう訳すんですか？

＜what＋to不定詞＞で「何を～すべきか」の意味だよ。例えば what to eat なら「何を食べるべきか」となるぞ。この what to say は「何を言うべきか」と訳そう。what to say next が動詞 know の目的語となっているんだ。

☐ 2 の where to go はどうですか？

＜where＋to不定詞＞で「どこへ（で）～すべきか」となるので、where to go なら「どこへ行くべきか」。このパターンに属するものを次の表にまとめておいたぞ。

6 不定詞(1)

疑問詞 + to不定詞	
how + to不定詞	「どのように〜すべきか」「〜する方法」
what + to不定詞	「何を〜すべきか」
when + to不定詞	「いつ〜すべきか」
where + to不定詞	「どこへ(で)〜すべきか」
which + to不定詞	「どちらを〜すべきか」

それじゃ先生、次の問題に挑戦しますね。

問 次の日本文の意味に合うように、与えられた語句を並べ換えよ。なお、文頭の語も小文字にしてある。

☐ 1 彼女を打ち負かすことは不可能だ。
[is / to / impossible / her / beat].

☐ 2 ジェーンの趣味は古いコインを集めることです。
[collect / to / Jane's hobby / old coins / is].

☐ 3 彼の言うことを理解するのが難しいとわかった。
[found / difficult / it / to / understand him / I].

☐ 4 どこに車を停めたらいいのかわからない。
[where / I / to / don't know / park the car].

解答

☐ 1 To beat her is impossible.
　　　S　　　V　　C

☐ 2 Jane's hobby is to collect old coins.
　　　S　　　　V　　　　C

☐ 3 I found it difficult [to understand him].
　　S　V　O　　C　　　　彼の言うことを理解すること

☐ 4 I don't know where to park the car.
　　S　　V　　　　　　O

❸形容詞用法

よし、次は形容詞用法だ。下の黒板を見てくれ。

名詞［to不定詞］
　　　　動詞の原形

ⓐ「〜すべき名」　ⓑ「〜するための名」　ⓒ「〜する名」

では、まず上の黒板を参考に問題を解いてみよう。

問 次の英語を日本語に訳せ。

☐ 1　a book to read
☐ 2　a letter to write
☐ 3　something to drink

えっ、上のⓐⓑⓒに当てはめるだけでしょ？

解答
☐ 1　ⓐ読むべき本　　ⓑ読むための本　　ⓒ読む本
☐ 2　ⓐ書くべき手紙　ⓑ書くための手紙　ⓒ書く手紙
☐ 3　ⓐ飲むべき何か　ⓑ飲み物　　　　　ⓒ飲む何か

☐ 1 は名詞が a book、to不定詞に to read を当てはめて「読むべき本、読むための本、読む本」。こんな感じでいいんですよね？

そう、その通り。☐ 2 は？

名詞が a letter、to不定詞に to write を当てはめて「書くべき手紙、書くための手紙、書く手紙」。3パターンの日本語に訳したけど、どれがいいんですか？

6 不定詞(1)

- どれでもいいぞ。ただ、文脈などに合う日本語らしいものを選んでおけばいいよ。

- 先生、□3のsomethingって名詞ですか？

- somethingは代名詞で「何か」って意味だ。左の黒板でto不定詞の前にくるのは**名詞**となっているが、ここにはsomething、anythingのような**代名詞を入れてもいい**ぞ。

- なら□3は「飲むべき何か、飲むための何か、飲む何か」で、いいんですか？

- うん。ただ、ここは「飲むための何か」→「飲み物」と訳してもいいな。

- へ〜、けっこう簡単そう。でも、なんでこれが形容詞用法なんですか？

- 形容詞とは、

　　tall boy「背の高い少年」　pretty doll「かわいい人形」

のtallやprettyのように**名詞または代名詞にかかる（修飾する）もの**なんだ。つまり、□1はa book、□2はa letter、□3はsomethingがそれぞれ名詞（または代名詞）で、それをto不定詞＜to＋動詞の原形＞が修飾しているから、**不定詞の形容詞用法**というわけなんだ。

- なるほど。要するに名詞の後に置かれたto不定詞が、前にある名詞を説明するんですね。

- そうだよ。では、さっきの□1〜□3を含む、次の問題を解いてみよう。

問 次の英文を日本語に訳せ。

□1　I want to buy some books to read.
□2　I have a lot of letters to write.
□3　Would you give me something hot to drink?

> **解答**
> □ 1 私は読む本を何冊か買いたい。
> □ 2 私は書くべき手紙がたくさんある。
> □ 3 熱い飲み物をいただけませんか。

あれ、ちょっとひねってあるなあ。

□ 1 は books [to read]「読むべき本」

を、I want to buy …「私は…を買いたい」につなげたのね

□ 2 は letters [to write]「書くべき手紙」

を、I have a lot of …「私は…がたくさんある」につなげたのね。

□ 3 は something の後に hot があるけど、なぜ代名詞 something の後に形容詞の hot「熱い」があるの？ 形容詞は普通、前に置くでしょ？

いいところに気付いたぞ。something、anything、nothing といった **-thing という代名詞は後に形容詞を置くんだ**。そこで something hot ＜代名詞＋形容詞＞なら「熱い何か→熱いもの」となり、さらに to drink が、前の代名詞 something を修飾するから、

something hot [to drink]
　代名詞　　形

で「飲むべき熱いもの → 熱い飲み物」となる。

Would you ～？は「～してくれませんか。」だから、訳は「私に熱い飲み物を与えてくれませんか→いただけませんか」ってことね。

その通り。では次の問題。

6 不定詞(1)

> **問** 次の英文を日本語に訳せ。
>
> □ 1　She has no house to live in.

🧑 She has no … で、「彼女は…がない」
　　□ 1　house [to live in]　「住むべき家、住む(ための)家」
だから

> **解答**　□ 1　彼女は住む家がない。

🧑 正解だ。では to live in のように、なぜ in が必要なのかわかるか？

🧑 う〜ん、in がなくても同じような気がするけどなあ。

> **例**
>
> live in the house「家に住む」

🧑 上の例を見てくれ。in が必要だよな。live the house とはいわないぞ。

```
名詞 [to不定詞]　「〜すべき名」

the house [to live in]　「住む(べき)家」
 名詞
```

🧑 そうだね。元々あった in を消す理由なんて何もないしね。

🧑 このタイプに当てはまる例をいくつかあげよう。

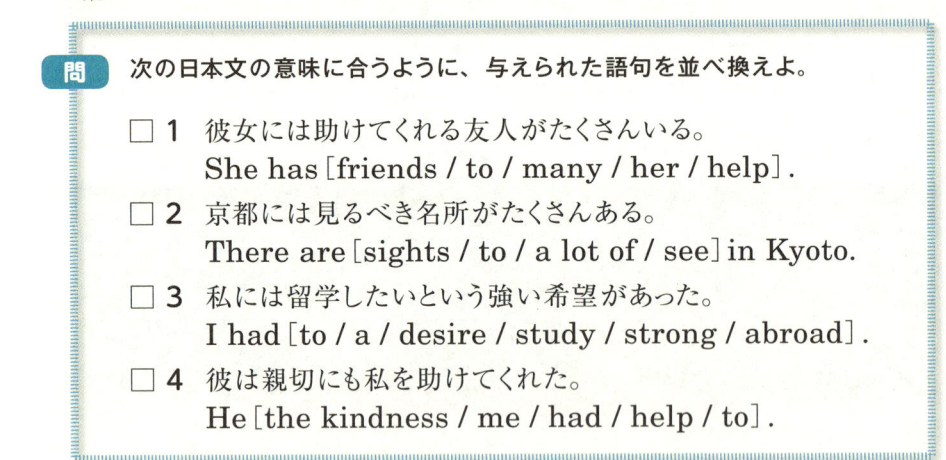

例

☐ 1 write ★with a pen「ペンで書く」
　　⇒ a pen [to write with]「書くためのペン」

☐ 2 play with a friend「友達と遊ぶ」
　　⇒ a friend [to play with]「一緒に遊ぶ友達」

☐ 3 sit on a chair「椅子に座る」
　　⇒ a chair [to sit on]「座る（ための）椅子」

☐ 4 talk to someone「誰かに話す」
　　⇒ someone [to talk to]「話すべき誰か→話し相手」

一通り音読して理解できたら、次の問題にチャレンジだ。

問　次の日本文の意味に合うように、与えられた語句を並べ換えよ。

☐ 1 彼女には助けてくれる友人がたくさんいる。
　　She has [friends / to / many / her / help].
☐ 2 京都には見るべき名所がたくさんある。
　　There are [sights / to / a lot of / see] in Kyoto.
☐ 3 私には留学したいという強い希望があった。
　　I had [to / a / desire / study / strong / abroad].
☐ 4 彼は親切にも私を助けてくれた。
　　He [the kindness / me / had / help / to].

6 不定詞(1)

> **解答**
> □ 1　She has many friends to help her.
> □ 2　There are a lot of sights to see in Kyoto.
> □ 3　I had a strong desire to study abroad.
> □ 4　He had the kindness to help me.

まず □ 1 から。**<名詞＋to不定詞>**「〜すべき 名、〜する（ための）名」を意識して、「助けてくれる友人」なら、

　　　friends [to help]
　　　　名詞　　　to不定詞

となるよね。また、「友人がたくさんいる」だから、

　　✗　She has many friends to help.

でも her が余ってしまうから、「自分を助けてくれる友人」と考えて、

　　○　She has many friends to help her.

□ 2 の「たくさんの名所」は a lot of sights。その後に to see を続けて、

　　There are a lot of sights [to see] in Kyoto.
　　　　　　　　　　　　　名詞　　　to不定詞

□ 3 は「留学したいという希望」を**<名詞＋to不定詞>**「〜すべき 名」に当てはめると、study abroad が「留学する」だから、

　　I had a strong desire [to study abroad].
　　　　　　　　　名詞　　　　　to不定詞

先生、解答はこれで合っていても、「〜すべき 名」だと、ちょっと日本語とズレるような気がするんですけど。

お〜、よく気付いた。この場合、実は

> ★道具の with「〜を使って、〜で」
> 例）with a knife「ナイフを使って」

> 名詞［to不定詞］　「〜するという名」

という意味になり、前の名詞の内容を to 不定詞が説明している感じだよ。つまり a strong desire「強い希望」がどんな希望かを to 以下で説明しているんだ。例えば、

> **例**
> a plan to visit Osaka「大阪を訪問する（という）計画」
> a promise to come here「ここに来る（という）約束」

というふうに。

- □4の解答がなんでこうなるのかわからないんだけど。

- □4は、まず日本語を「彼は私を助けてくれる親切さを持っていた」と読み換えれば、**＜名詞＋to不定詞＞**に当てはまるだろう。

- わかった。

   He had the kindness [to help me].
   　　　　　　名詞　　　　to不定詞

- そうだ。今後は □4 の解答の英文が出てきたら、逆に「彼は親切にも私を助けてくれた。」と訳せるようにしよう。

- わかりました。もちろん、「英文の音読もしっかり」でしょ?

- その通り。

❹副詞用法

🧑‍🏫 続いて、副詞用法。まず確実に5つの意味をマスターするぞ。

👧 え〜、5つもですか？

🧑‍🏫 英文を音読して、いつでも口をついて出てくるようにしよう。まず、ポイントを表にまとめるぞ。

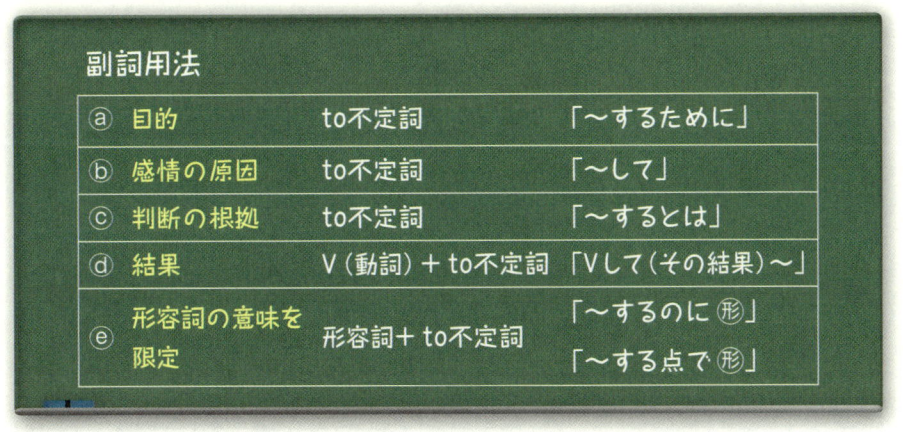

	副詞用法		
ⓐ	目的	to不定詞	「〜するために」
ⓑ	感情の原因	to不定詞	「〜して」
ⓒ	判断の根拠	to不定詞	「〜するとは」
ⓓ	結果	V（動詞）＋to不定詞	「Vして（その結果）〜」
ⓔ	形容詞の意味を限定	形容詞＋to不定詞	「〜するのに 形」 「〜する点で 形」

👧 先生、こんなもの表にされても何のことかわからないよ。

🧑‍🏫 まず人に教えてもらうのではなく、上の表を参考に自分で問題を解きながら、理解を深めていくぞ。念のために言っておくが、to不定詞とは＜to＋動詞の原形＞のことだ。

問 次の英文を日本語に訳せ。

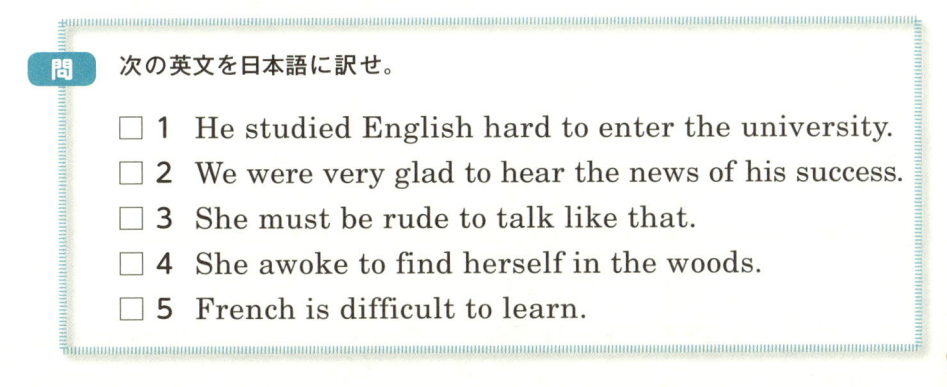

☐ 1　He studied English hard to enter the university.
☐ 2　We were very glad to hear the news of his success.
☐ 3　She must be rude to talk like that.
☐ 4　She awoke to find herself in the woods.
☐ 5　French is difficult to learn.

解答
- □1 彼はその大学に入学するために一生懸命英語を勉強した。
- □2 私たちは彼の成功の知らせを聞いてとても嬉しかった。
- □3 彼女はそんなふうに話すとは無礼にちがいない。
- □4 彼女は目を覚ますと森の中にいた。
- □5 フランス語は学ぶのが難しい。

まず □1 だね。あれ、これってもしかして、さっきの表のⓐに対応してるのかな？ ⓐ**目的 to不定詞**で「〜するために」だから、to enter the university は「その大学に入学するために」。

よし、それでいいぞ。余裕だな。

でも先生、今回は表を見ながらⓐ**目的**に対応させたからできたけど、長文中とかだと、やっぱり文脈で判断するんですか？

そうだ。ただし、次のような表現があったら注目。瞬時にⓐ**目的**だと見破れるぞ。

---
in order to ＋動詞の原形　「〜するために」
so as to ＋動詞の原形　「　〃　」　←目的の意味が明確になる

へ〜。すると、さっきの □1 の文は

□1' He studied English hard **in order to enter** the university.

と書くと、目的の意味が明確になるんですね。

そう。もちろん、**so as to enter** the university でも同じこと。

では □2 へ、いきますね。ⓑ**感情の原因**「〜して」って何だろう？

□2 は glad「嬉しい」が感情だ。そして「なぜ嬉しいのか」という感情の原因を to hear 以下に示している。つまり to hear the news で「その知らせを聞いて」→ glad「嬉しい」んだ。

👧 そこに of his success「彼の成功の」を付け加えて、「彼の成功の知らせを聞いてとても嬉しかった。」が解答になるのね。

👨 □3 は She must be rude「彼女は無礼にちがいない」と判断したんだ。では、その根拠は何か？ それは to talk 以下。

👧 待って。ⓒ判断の根拠「〜するとは」だから、talk like that が「そのように話す」なので「そんなふうに話すとは無礼にちがいない。」となるのね。

👨 よし、いいぞ。ただし、ⓒ判断の根拠を表す文には1つ特徴的なところがある。それは

```
ⓒ判断の根拠「〜するとは」
  助動詞  must「〜にちがいない」
         cannot「〜のはずがない」  …とともに用いられることが多い。
  感嘆文
```

👧 □3 の文の must を cannot に変えたら

□3' She **cannot** be rude to talk like that.
「彼女はそんなふうに話すとは、無礼なはずがない。」

となるのね。ところで感嘆文ならこんな感じ？

How careless she is to leave the door open!
「ドアを開けたままにしておくとは、なんて彼女は不注意なんでしょう！」

👨 そうだ。さあ次は □4、ⓓ結果＜V＋to不定詞＞「Vして（その結果）〜」。まずヒントから。V にあたるのが awoke「目覚めた」、to不定詞に to find を当てはめる。

👧 そうすると awoke to find で「目覚めて（その結果）〜がわかった」ですか？

👨 そうだ。で、何がわかったのかな。

🧑‍🦰 find herself in the woods で「自分自身が森の中にいることがわかる」だから、全体を続けて「彼女は目覚めて（その結果）、自分が森の中にいることがわかった。」➡「彼女は目を覚ますと森の中にいた。」となるのね。

👨‍🏫 直訳では前者の訳だが、後者のような訳ができるようになるといいね。

🧑‍🦰 でも先生、これって ⓐ目的 の可能性はありませんか？

👨‍🏫 ⓐ目的 で訳してみて。きっと変だよ。

　□4　✗　彼女は自分が森の中にいることがわかる<u>ために</u>目覚めた。

また、この ⓓ結果 のタイプに属する例は限られているので、次の表をチェックしておけばいいぞ。

ⓓ結果のタイプに属する例	
(1) grow up to be ～	「成長して～になる」
(2) live to be ～（years）	✗「生きて（その結果）～歳になる」 ➡ ○「～歳まで生きる」
(3) … only to ＋動詞の原形	「…したが（結果）～しただけだった」
(4) … never to ＋動詞の原形	「…した（結果）2度と～しなかった」

例文

(1) The girl grew up to be a doctor.
「その少女は成長して医者になった。」

(2) My grandmother lived to be a hundred.
「私の祖母は100歳まで生きた。」

(3) His son tried his best only to fail again.
「彼の息子は全力を尽くしたが、再び失敗しただけだった。」

(4) My daughter went to London, never to come back.
「私の娘はロンドンへ行き、2度と帰って来なかった。」

6 不定詞(1)

- 最後の問題の □5 だけど、P.137の表の ⓔ形容詞の意味を限定ってさっぱりわからないんだけど。

- □5 の文の形容詞はどれ？

- difficult「難しい」でしょ。

- French is difficult.「フランス語は難しい。」といっても、「話すのが難しい」のか「聞くのが難しい」のか、それとも「学ぶのが難しい」のかわからないよな。

- そうか。だから形容詞 difficult「難しい」の意味を to learn で限定(説明)しているのか。つまり、

  difficult [to learn]　「学ぶのが難しい」
  ㊇↖

  だから、訳は「フランス語は学ぶのが難しい。」ってことね。

- 正解。それに対して、英語は……

  □5' English is easy [to learn].「英語は学びやすい。」
  　　　　　　　㊇↖

- え〜、そんなことないですよ。だってまだ第6講。まだまだ先があるし。

- いや、何かをやりとげる時、半分終わったら後は一気にゴールへと駆け上がっていくもんだ。おそらく、挫折するやつはもう第2講か第3講でやめちゃってるよ。このあたりが一番つらいのかもしれない。お互い頑張っていこう。もうすぐ楽に、当たり前になるから。

- でも正直言って、少しイヤになってきたかも……。

- よし、それならあと1講だけ頑張ってみよう。

- えっ、あと1講だけ？

そうだ。君はマラソン大会の時に、苦しい、もうやめたいと思ったことはないか？　そんな時、「あと電信柱3本、あの角までなんとか頑張ろう。」と走り続けていると、意外にもだんだん体が慣れてきて、けっこういい気持ちになって走り続けられた、なんてことあるだろう？

あるある、どうしてだろう？

長距離走で、かなり苦しくなってもしばらく走り続けると、心拍数や血圧が安定して楽になる。それを second wind と言うけど、それを通り越してランナーズハイという陶酔状態に達することだってある。

それが何なの？

いいか、苦しい時にやめちゃったら、「私はどうせダメな人間。何でも中途半端。」とマイナスイメージだけが体にしみつき、一生できなくなる。今まさに岐路、分かれ道にさしかかっている。

わかりました。苦しい今を越えたら、成功体験が体にしみ込み、英語が好きになって志望大学合格にたどりつけるけど、もしここでやめてしまったら、英語が嫌いになって夢が一生遠ざかってしまうってことですね。

だからせめてあと1講、一緒に耐えていくぞ。

まあ、別にたいして苦しくもなかったんですけど、先生がそう言うならそうしておきます。でも、副詞用法ってこれだけなんですか？

あっ、そうか。その話だったんだ。実は他にもあるんだけど、後で登場するので、ここではまず P.137 の表の5つを完璧にしておくことが大切だよ。

なら、問題出して。理解できているか確認したいから。

> **問** 次の英文の与えられた語句を正しく並べ換え、完成した英文を日本語に訳せ。また、完成した英文の不定詞の用法は、ⓐ目的、ⓑ感情の原因、ⓒ判断の根拠、ⓓ結果、ⓔ形容詞の意味を限定、のどれかを見分けよ。
>
> ☐ 1 He [honest / to / such a lie / cannot / tell / be].
> ☐ 2 Few [to / one hundred years old / people / live / be].
> ☐ 3 This [very / solve / difficult / problem / is / to].
> ☐ 4 I [library / to / went / to / the / several books / borrow].
> ☐ 5 She [very / to / a letter / receive / from him / happy / was].

> **解答**
> ☐ 1 He cannot be honest to tell such a lie. ⓒ判断の根拠
> 「そんな嘘をつくとは、彼は正直なはずがない。」
>
> ☐ 2 Few people live to be one hundred years old. ⓓ結果
> 「100歳まで生きる人はほとんどいない。」
>
> ☐ 3 This problem is very difficult to solve. ⓔ形容詞の意味を限定
> 「この問題は解決するのがとても難しい。」
>
> ☐ 4 I went to the library to borrow several books. ⓐ目的
> 「私は本を数冊借りるために図書館へ行った。」
>
> ☐ 5 She was very happy to receive a letter from him. ⓑ感情の原因
> 「彼女は彼からの手紙を受け取って、とても嬉しかった。」

さあ、できたかな？ 注意点としては、

 ☐ 2 <u>Few people</u> + V「Vする人はほとんどいない」
    S

 ☐ 4 borrow O「Oを借りる」

言うまでもなく、大切なことは正解の英文をしっかり音読して、暗唱してしまうことだ。おっと、この時点ではまだ暗唱まではできなくていいぞ。

- あ〜、やっと不定詞終わりですね。
- いや、まだまだ。次は不定詞（2）。これで完成だ。

COLUMN

「不定詞」という言葉の由来について

まず、次の文を見てみよう。

My brother goes to college.
「私の兄［弟］は、大学に通っています。」

この文のgoesは、主語（My brother）によって、一定の形（ここではgoes）をとるように定められている。このようなものを「定詞」という。それに対して「不定詞」とは、主語が何であっても影響を受けない。つまり、定められない（限定されない）詞（ことば）のことなんだ。次の文を見てみよう。

My brother goes to college to study English.
「私の兄［弟］は、英語を勉強するために、大学に通っています。」

主語がIでもYouでもSheでも、to不定詞は、いつもto＋動詞の原形になっていて、主語の人称、数によって、限定されることがない。

第7講

不定詞(2)

❶ 不定詞の否定形
❷ 不定詞の意味上の主語
❸ 完了不定詞
❹ 原形不定詞
❺ 独立不定詞
❻ 不定詞を使った重要構文

- さあ、不定詞の応用編だ。
- え〜、まだ不定詞？ 次にいかないんですか？
- うん、実はここからが大切。ここまでは基本、絶対にハズせない必須事項。ところが難関大学を目指す君にとっては、ここからが合否を分けるぞ。
- 大切なのはわかります。でも私、高2で部活の中心メンバー。忙しくてあまり時間がとれないんだけど。
- よ〜し、忙しいみんながどうやって部活など学校生活と両立していくか、そういったことについての作戦もお伝えしていこう。
- お願いします。とにかく時間がないんだから。
- ではまず、不定詞の否定形から。

❶不定詞の否定形

- 次の問題を解いてみよう。前講のP.125で学んだ文を一部手直ししたぞ。

> **問** 次の英文の空所に適語を入れよ。
>
> ☐ 1 I decided (　　)(　　)(　　) a taxi.
> 　「私はタクシーに乗らないことに決めた。」

- えっと、「タクシーに乗ること」が to take a taxi だから「乗らないこと」ならその否定形ですよね。不定詞の否定形って、どうすればいいんですか？
- ズバリ、

7 不定詞(2)

> **to 不定詞の否定形 ➡ to の直前に not、never を置く**

🧑 ということは、

解答 ☐ 1　I decided <u>not</u> to take a taxi.

でいいんですね。

👨 その通り。この問題は名詞用法だったけど、次は副詞用法で問題を出すから解いてみよう。ヒントは前講でやった**ⓐ目的**の意味だ。

問　次の英文を日本語に訳せ。

☐ 1　Be careful <u>not</u> to forget your password.

解答 ☐ 1　パスワードを忘れないように気を付けなさい。

🧑 Be careful は命令文で「気を付けなさい」。ヒントによると、不定詞の**副詞用法のⓐ目的**で、その否定形だから「～しないために」とするのね。

👨 そう。「～しないように」と訳すのが自然だな。

❷ 不定詞の意味上の主語

1. It is … for Ⓐ to不定詞

🧑 次のステップへいくぞ。まず下の英文を見てくれ。

> **例文**
> ☐ 1 It is difficult to solve the problem.
> 「その問題を解くのは難しい。」

さて、質問。誰が［誰にとって］その問題を解くのが難しいのだろう？

👩 え〜、誰って……。誰とは言ってないでしょ。だから一般の人じゃないの？

🧑 その通り。では、問題。

問 次の英文の空所に適語を入れよ。

☐ 1 It is difficult (　　)(　　)(　　) to solve the problem.
「幼い子供(young children)がその問題を解くのは難しい。」

👩 わかりません。どうしたらいいの。

🧑 to solve the problem の前に for young children を入れて、

解答 ☐ 1 It is difficult <u>for young children</u> to solve the problem.

👩 へ〜。するとto不定詞の行為を誰がするのかを示すためには、to不定詞の前に＜ for ＋ Ⓐ ＞を入れて「Ⓐが」って訳すんですね。

7 不定詞(2)

そう。<for +Ⓐ>で **to不定詞の意味上の主語**を表せるんだ。ただし、言うまでもないけど、for の後は目的格にすることを忘れるな。

> **It is … for Ⓐ to不定詞**　「Ⓐが〜することは…だ」

ではさっそく、上の公式に当てはめて1つ問題を解いてみよう。

問　次の日本文を英語にせよ。

□ 1　彼が腹を立てる（get angry）のは当然（natural）だ。

まずⒶのところに he「彼」を当てはめるんですよね。でも目的格だから he じゃなくて him。to 以下に get angry。…部分に natural を当てはめて、

解答　□ 1　It is natural for <u>him</u> to get angry.
　　　　　　　　　　　　　　　目的格

うん、完璧。すごいぞ。

そうですか？ それほどでも。だけど先生、こんなもの誰でもできますよ。

そうだよ。英語なんて大多数のアメリカ人なら普通に使ってるんだから、苦手だという方が不思議だ。本書に出てくるごく当たり前のルールを、そのまま当てはめていけば、日本の高校生みんなが気楽にマスターできるよ。だって、アメリカ人なら小学生でも余裕なんだから。

そうなんですよね。わかってはいるんだけど……。ところで先生、これって、名詞用法ですよね。形容詞用法や副詞用法でも<for +Ⓐ>が to不定詞の意味上の主語を表すんですか？

もちろん。それぞれ例文でお見せしよう。

> **例文**
>
> <形容詞用法>
>
> There are a lot of books [for children to read] in the library.
>   for Ⓐ to不定詞
> 「図書館には子供たちが読むためのたくさんの本がある。」
>
> <副詞用法>
>
> She ★stepped aside [for me to pass].
>   for Ⓐ to不定詞
> 「彼女は私が通れるようにわきへ寄った。」→目的

2. It is … of Ⓐ to不定詞

🧑 さて、次の問題。

> **問** 次の英文を正しく書き換えなさい。
>
> ☐ 1 It is careless for him to lose your key.
>   「君の鍵をなくすとは彼は不注意だ。」

👩 え〜、何も間違ってないと思うんですけど。公式通りだと思うわ。

🧑 注目点はcarelessという形容詞。これは、人の性質を表す形容詞だ。

👩 それがどうかしたの？

🧑 不定詞の前に人の性質を表す形容詞がくると、意味上の主語にはforではなくofがつく。

> 人の性質を表す形容詞 ➡ ✕ for Ⓐ   ◯ of Ⓐ

7 不定詞(2)

> It is … of Ⓐ to不定詞
> ↑人の性質を表す形容詞

🧑 すると、さっきの問題の解答は、

解答 □ 1　It is careless of him to lose your key.

ですね。ところで先生、人の性質を表す形容詞って、他にどんなのがあるんですか？

👨 OK。一覧表にしてみるぞ。

人の性質を表す形容詞

形容詞	意味	形容詞	意味
kind、good、nice	「親切な」	polite	「礼儀正しい」
foolish、silly、stupid	「愚かな」	impolite	「無礼な」
clever	「利口な」	wise	「賢明な」
rude	「不作法な」	cruel	「残酷な」
brave	「勇敢な」	sensible	「分別のある」

❸完了不定詞

🧑 また、何やら難しそう。

👨 用語だけはね。でもその中身は単純。英文法なんて、だいたいそんなもんだよ。まずは次の2つの型を見よう。

★ step aside「わきへ寄る」

> 単純不定詞　to ＋動詞の原形
> 完了不定詞　to have ＋過去分詞

🧑 単純不定詞って今まで通りですよね、でも完了不定詞の方は、to の後に＜have ＋過去分詞＞の完了形がきてるんですけど、これは何を表しているんですか？

👨 完了不定詞＜to have ＋過去分詞＞は、述語動詞の表す時より前の時を示しているんだ。SVO や SVC などの V にあたるのが述語動詞。ただし、一般的には述語という部分をとって「動詞」と呼ぶことが多い。

> 完了不定詞＜to have ＋過去分詞＞➡述語動詞より前の時を表す

🧑 えっ！　どういうこと？　ちょっとわかりません。

👨 次の２つの英文を見てみよう。

例文

☐ 1 He is said to be a great scientist.
　　　　　　　└─同時─┘
「彼は偉大な科学者であると言われている。」

☐ 2 He is said to have been a great scientist.
　　　　　　　└─is said より前─┘
「彼は偉大な科学者だったと言われている。」

☐ 1 が＜to ＋動詞の原形＞で単純不定詞、☐ 2 が＜to have ＋過去分詞＞で完了不定詞。☐ 1・☐ 2 とも He is said…で「言われている」のは現在。ところが ☐ 1 は彼が現在、great scientist であるのに対して ☐ 2 は過去において great scientist であったことを表しているんだ。

7 不定詞(2)

そうなんだ。□1の人物は今現在「偉大な科学者である」と言われているけど、□2の人物は過去において「偉大な科学者だった」と言われているんですね。

□1・□2はそれぞれ次のように書き換えられるぞ。

> **例文**
>
> □1' ★It is said that he is a great scientist.
>   ┗━━ 同時 ━━┛
>
> □2' It is said that he was a great scientist.
>   ┗━is said より前━┛

ホント、こう書き換えたらハッキリしますね。でも、実際テストに出たら解けるかな？

じゃ、問題を出すよ。いきなり応用だけど、ヒントを参考になんとか頑張ってみよう。

問 次の各組の英文が同じ意味になるよう空所に適語を入れ、完成した英文を日本語に訳せ。

□1　It seems that he is ill.
　　He seems (　　) (　　) ill.

□2　It seems that he was ill.
　　He seems (　　) (　　) (　　) ill.

!ヒント

It seems that S' V' 「S' は V' するようだ、V' するように思われる」

= S' seem(s) to + 動詞の原形
　　　　　　　　　　　V'

★ It is said that 〜 「〜と言われている、〜だそうだ」

解答

☐ 1 He seems to be ill.
「彼は病気であるように思われる。」

☐ 2 He seems to have been ill.
「彼は病気だったように思われる。」

えっ〜と、まず ☐ 1 にヒントを当てはめて訳すと「彼は病気であるように思われる」。ここで seems「〜のように思われる」のは現在で、is ill「病気である」のも現在。つまり、seems も is ill も現在で同時。同時の場合は単純不定詞＜to ＋動詞の原形＞で表すことができるってことか。

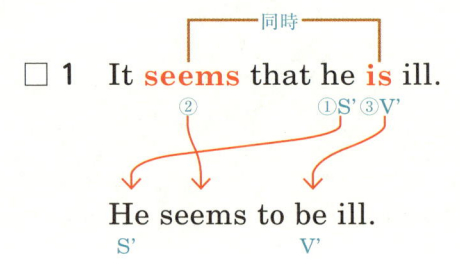

　　　　　　　　　　──同時──
☐ 1　It **seems** that he **is** ill.
　　　　　②　　　　　①S' ③V'

　　　He seems to be ill.
　　　　S'　　　　V'

よくできたぞ。次の ☐ 2 は、seems は現在、was は過去ということに注意して。

まず、ヒントを参考に ☐ 2 を訳してみると「彼は病気だったように思われる」。ここで seems は現在で、was ill「病気だった」のは過去。すると was ill（過去）は seems（現在）よりも前なので、完了不定詞＜to have ＋過去分詞＞で表すことができるんだね。

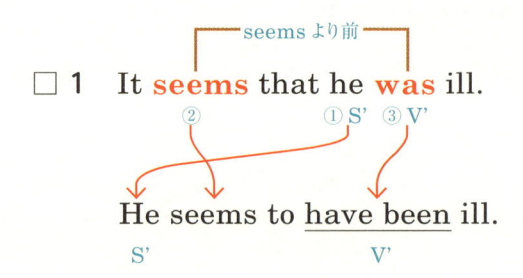

　　　　　　　──seems より前──
☐ 1　It **seems** that he **was** ill.
　　　　　②　　　　　①S' ③V'

　　　He seems to have been ill.
　　　　S'　　　　　V'

7 不定詞（2）

- よし、理解できてる。ここでライバルと差がつくから、よく復習して定着させるんだ。

- わかりました。ところで先生、この講の初めに言ったように、私は今、テニス部に入っててすごく忙しいの。高2だからこう見えても私、部活の中心メンバーで、部活が終わって帰ったらもうへとへと。気付いたら夢の中。ヤル気はあってもなかなか勉強できないっていうか、まとまった時間がとれないんだけど……。だから部活引退したら本気で頑張るから、今は部活に取り組んでいい？

- どうぞ。こんなに部活に本気になれるのは今しかないから、全力で頑張れ！　学校行事やその他、若者らしい素敵な思い出も、いっぱい作ってくれ。

- さすが先生。話がわかる。

- ただし、みすみす人生最大のチャンスを逃すことはない。今高2なら、まさに"**英語は高2の3月31日までに完成させられる**"。英語は高2で仕上げ、高3でその力をキープ、他教科で逃げ切る。

- えっ‼　先生、話聞いてなかったんですか？　今、忙しくてそれどころじゃないって……。

- そうなんだ。誰もが「"今"一番忙しい」と考えている。しかし高3になってもしばらく部活は忙しいし、もしその後全教科を一気に完成させようとすると、今の何倍も忙しくなり結局間に合わない。しかも、英語は高3に持ち越すといつまでも結果が出ず、諦めムード。本当につらく苦しい受験に追い込まれてしまうぞ。

- でも、現実に時間がないんだもん。

- うん。君の時間も足りないが、どうやら紙面も足りないようだ。今回もまた、DVDでチェックしてくれ！

- 何よそれ。じゃ、私もDVDをすぐ見ます。

- おっと、この講が終わってからだ。

❹原形不定詞

> 何なの？ その**原形不定詞**って？ ＜to ＋動詞の原形＞が不定詞じゃないの？

> いや、今回は to のない動詞の原形だけの原形不定詞を扱うぞ。

> to がないのに不定詞なんて、そんなの困ります。

> 困らなくても大丈夫。次の２つのパターンをおさえればいいから。

>> ⓐ知覚動詞　ⓑ使役動詞

> またまた厄介な用語。まずⓐ知覚動詞って何なの？

1. 知覚動詞

> では、ⓐ**知覚動詞**から説明しよう。知覚動詞とは「見る」「聞く」「感じる」など、**人間の感覚に関係ある動詞**。だから**感覚動詞**ともいうぞ。

> へ〜、例えば、どんな動詞が知覚（感覚）動詞にあたるんですか？

> 次の表を見てくれ。

>> 知覚（感覚）動詞
>> | see、look at、watch　「見る」 | feel　　「感じる」 |
>> | hear、listen to　　　　「聞く」 | notice「気付く」 |
>> | | など |

> でも知覚動詞と原形不定詞は何の関係があるの？

> 次の公式を見てくれ。

7 不定詞(2)

> 知覚動詞＋O＋動詞の原形　「Oが〜するのを…する」

例えば、知覚動詞に see、hear、feel を当てはめると

> see O ＋動詞の原形　「Oが〜するのを見る」
> hear O ＋動詞の原形　「Oが〜するのを聞く」
> feel O ＋動詞の原形　「Oが〜するのを感じる」

🧑‍🦰 あっ、O（目的語）の後に動詞の原形がきてる。これが原形不定詞ね。

🧑 その通り。O（目的語）を「Oが」と訳しているところにも注目しよう。では、それぞれの動詞を使った問題を解いてみよう。

問 次の英文を日本語に訳せ。

☐ 1　I saw her play tennis.
☐ 2　She heard a boy sing a song.
☐ 3　I felt the ground shake.

🧑‍🦰 まず、☐ 1 から。O が her、原形不定詞が play だから、＜see O ＋動詞の原形＞「Oが〜するのを見る」に当てはめるのね。

☐ 2 は O が a boy、原形不定詞が sing だから、＜hear O ＋動詞の原形＞「Oが〜するのを聞く」に当てはめる。

☐ 3 は O が the ground で、原形不定詞が shake「揺れる」だから、＜feel O ＋動詞の原形＞「Oが〜するのを感じる」に当てはめる。

解答
- 1　私は彼女がテニスをするのを見た。
- 2　彼女は少年が歌を歌うのを聞いた。
- 3　私は地面が揺れるのを感じた。

よ～し、すべて正解。

なんだ、けっこう簡単だね。次いって、先生。

2. 使役動詞

ⓑ**使役動詞**は次の3つをおさえておけばいいぞ。「使役」とは「（人に）～させる」ことだ。

> 使役動詞　make、let、have

これも、原形不定詞と何の関係があるの？

知覚動詞と同じように、次の公式をマスターしよう。

> make O ＋動詞の原形　　「Oに～させる」＜強制＞
> let O ＋動詞の原形　　　「Oに～させる」＜許可＞
> have O ＋動詞の原形　　「Oに～させる」＜使役＞

あっ、ホント！　知覚動詞と同じで、Oの後に動詞の原形がきてる。これが原形不定詞だね。でもmake、let、haveはどれも「Oに～させる」で同じ意味なんですか？

いや、それぞれ意味が違うぞ。

make	「(無理に)〜させる」	<強制>
let	「(許可を与えて)〜させてやる」	<許可>
have	「(目下の者などに)〜させる」	<使役>

こんなイメージだ。

> へ〜、理解できたか確かめたいなあ。問題出して。

問 次の英文を日本語に訳せ。

☐ 1 He made his son study for ten hours on Sundays.
☐ 2 My mother let me go abroad alone.
☐ 3 Tom had his little brother carry his bag.

ヒント
☐ 2 go abroad「外国へ行く」、alone「1人で」

> <強制><許可><使役>を意識して訳そう。

解答
☐ 1 彼は日曜日には息子に10時間勉強させた。　　<強制>
☐ 2 私の母は私に1人で外国へ行かせてくれた。　<許可>
☐ 3 トムは弟にカバンを運ばせた。　　　　　　　<使役>

> ☐ 1 は<make O +動詞の原形>「O に〜させる」だから、O に his son、動詞の原形に study を当てはめて、on Sundays「日曜日に」だから「彼は日曜日には息子に10時間勉強させた」なんだね。

> そうだ。息子はきっと日曜日に10時間も勉強したくなかったんだろうな。だから、**make** <強制>を用いたんだ。

> ☐ 2 は<let O +動詞の原形>「O に〜させてやる」<許可>。そこで、O に me、動詞の原形に go を当てはめて訳せばいいのね。

いいぞ。「私」はきっと1人で外国へ行きたかったんだ。そして、お母さんから許可をもらえた。だから **let** ＜許可＞を使ったんだな。

□3は＜have O＋動詞の原形＞「Oに〜させる」＜使役＞。で、Oに his little brother、動詞の原形に carry を当てはめるのね。

そうだ。have〈使役〉は目下の者に「〜させる」場合や、しかるべき職業の人にお金を払って「〜させる」場合に使うんだ。だからくれぐれも次のような使い方をするな。

　　　✗　I had my teacher check the answer.
　　　　　「私は先生に答えをチェックさせた。」

わかりました。ところで先生、使役動詞はすべて＜使役動詞＋O＋動詞の原形＞の形をとると考えていいんですか。

いや、そうでもない。注意したいのが使役動詞 get。次のような形をとる。

> **get O to ＋動詞の原形「O に〜させる、してもらう」＜依頼＞**

えっ！　**get は原形不定詞でなく to 不定詞**なんですか？

そう。to 不定詞を用いる点で make、let、have とはまったく違うぞ。さっきの □3 の英文を get で書き換えると、

　　　□3'　Tom got his little brother <u>to carry</u> his bag.
　　　　　「トムは弟にカバンを運ばせた。」

となるから注意だ。それと、知っておかないと解けない重要な問題がまだある。

一体何なの？

3. 知覚動詞・使役動詞の受動態

問 次の英文を受動態の文に書き換えよ。

☐ 1　We heard the girl play the piano.
　　　「私たちはその少女がピアノを弾くのを聞いた。」

☐ 2　They made us read many books.
　　　「彼らは私たちにたくさんの本を読ませた。」

解答
☐ 1　The girl was heard to play the piano.
☐ 2　We were made to read many books.

🧑 え～。なんで今、受動態なの？

👨 実は、知覚動詞と使役動詞は受動態にすると不思議なことが起きるんだ。

🧑 不思議なこと？　興味津々(しんしん)。

👨 なんと、

> 知覚動詞・使役動詞の受動態 ➡ 原形不定詞が to不定詞 になる

🧑 え～、意味がわかんない。

👨 では ☐ 1 から解説していくぞ。

☐ 1 能 We heard the girl play the piano.
         ④S   ②V   ①O   ③原形不定詞

   受 The girl was heard to play the piano ~~by us~~.
                              to不定詞

- あれっ、③の原形不定詞 **play** が to不定詞 **to play** になってる。
- その通り。受動態になると to不定詞に変わるんだ。
- でもなんで？
- もしここで原形不定詞 play のままにしておくと、直前にある動詞 heard と、動詞が連続してしまう。それを避けるために was heard to play として、間に **to** をはさんだと考えればいい。
- ふ〜ん。じゃ、☐ 2 も受動態で to不定詞ね。

☐ 2 能 They made us read many books.
         ④S   ②V   ①O ③動詞の原形

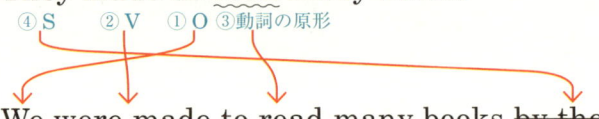

   受 We were made to read many books ~~by them~~.
                       to不定詞

- 使役動詞 make も知覚動詞と同様、受動態で **to** が出てくる。
- じゃ、使役動詞 let、have も同じなの？
- いや、let は受動態にするのはまれで、使役動詞 have に至っては受動態にはできない。ちなみに使役動詞 get も受動態にできないぞ。

❺独立不定詞

- ここまでくれば不定詞も残すところ、あとわずか。
- あ〜、よかった。もう終わりね。でも独立不定詞って何ですか？

7 不定詞(2)

> **文全体を修飾する慣用的な表現**だ。そのまま決まり文句として覚えてしまおう。

独立不定詞

to tell the truth	「実を言うと」
needless to say	「言うまでもなく」
strange to say	「奇妙なことに」
so to speak	「言わば」
to begin with to start with	「まず第一に」
to say nothing of 〜 not to speak of 〜 not to mention 〜	「〜は言うまでもなく」
to make matters worse	「さらに悪いことに」
to be frank with you	「率直に言えば」
to be sure	「確かに」
to do 〜 justice	「〜を公平に評価すれば」

> こういうのって意外に楽かも。覚えたら終わりだもん。

> ぜひ、実際のコミュニケーションの場面で使ってよ。例えば次のように。

例文

☐ 1 To tell the truth, his wife doesn't love him.
「実を言うと、彼の妻は夫を愛していないのです。」

☐ 2 To make matters worse, it began to rain.
「さらに悪いことに、雨が降り始めた。」

🧑‍🦰 自分なりにいろいろな場面を考えて、この独立不定詞を使って英文を作ってみると面白そうね。

👨 To be frank with you, ☐☐☐☐☐☐. ←何か文を入れてみよう。
「率直に言えば、☐☐☐☐☐☐。」
※あまりに率直に言いすぎると相手は怒り出すから注意。

❻不定詞を使った重要構文

1. be動詞＋to不定詞

👨 次の文はどんな意味になるかわかるかな。

> **問** 次の英文を日本語に訳せ。
>
> ☐ 1　He is to start at ten.

> **解答** ☐ 1　彼は10時に出発することになっている。

🧑‍🦰 う〜ん、is to って何なの？

👨 もちろん、文脈によってもいろいろ考えられるけど、ここでは＜be動詞＋to不定詞＞で ⓐ**予定**を表し、「〜することになっている」と訳そう。

🧑‍🦰 へ〜。＜be動詞＋to不定詞＞を知らないと、さっぱりわからないですね。

👨 To make matters worse「さらに悪いことに」、＜be動詞＋to不定詞＞はあと4つの意味があるぞ。

🧑‍🦰 こんなところで独立不定詞使ってる場合じゃないわ。ⓐ**予定**も含めて表にまとめて下さいよ。

7 不定詞(2)

＜be動詞＋to不定詞＞の表す意味

ⓐ	予定	「〜することになっている」	
ⓑ	義務、命令	「〜すべきだ、〜しなさい」	＝should、must
ⓒ	運命	「〜する運命だ」	通常過去形
ⓓ	可能	「〜できる」	＝can 主に否定文で受け身の形が続くことが多い
ⓔ	意図	「〜するつもりである」	ifと一緒に使われることが多い「もし〜するつもりなら」

では英文を4つあげるぞ。それぞれの意味で訳をとろう。

問 次の英文を、〈 　〉内の意味を表すように日本語に訳せ。

☐ 1 You are to shut the window at night. 〈義務、命令〉
☐ 2 She was never to see him again. 〈運命〉
☐ 3 Not a star is to be seen in the sky. 〈可能〉
☐ 4 If you are to succeed, you must try again and again.
　　　　　　　　　　　　　　　　　　　　　　　　〈意図〉

!ヒント

☐ 4 again and again「何度も何度も」

解答
☐ 1 夜は窓を閉めなさい。
☐ 2 彼女は2度と彼に会えない運命だった。
☐ 3 空には星1つ見られない。
☐ 4 もし成功するつもりならば、何度も何度もやってみなければならない。

まず☐1からね。＜be動詞＋to不定詞＞にあたるのが are to shut。ⓑ**義務、命令**の意味で訳すと「閉めなさい」となるのね。

もちろん「閉めなければならない」とか「閉めるべきだ」としてもいいぞ。参考書によっては義務と命令を分けているものもあるけど、逆にややこしくなるので、本書では1つにした。なお、you が主語の時には、命令「〜しなさい」と訳すとしっくりくることが多いかな。またこの文を助動詞を使って書き換えると、

　　□ 1'　You **must** shut the window at night.

□ 2 は ⓒ運命ね。never「2度と〜ない」に注意して「2度と会えない運命」ってことね。

よし、いいぞ。この文も過去形だったように ⓒ運命 は過去の文に多いぞ。

次は □ 3。Not a star が主語ね。否定文のように訳せばいいのね。is to be seen を ⓓ可能 の意味でとると can be seen と同じね。

ⓓ可能 の意味では、否定文になったり、be to の後に受け身の形がくることが多いぞ。念のために助動詞を使って書き換えると、

　　□ 3'　Not a star **can** be seen in the sky.

最後 □ 4。ⓔ意図 だから「〜するつもりである」で、If があるから「もし成功するつもりなら」なのね。

ⓔ意図 は最も見抜きやすいな。if 〜 ,「〜ならば,」という条件の節で用いられることが多いから。だから＜be動詞＋to不定詞＞は文脈に注意し、それぞれの意味特有のパターンを知っておくことが大切なんだ。

2. 慣用表現

えっ、まだ終わりじゃないの？

今度こそ本当に終わりだから。そして最後にふさわしく、大切な書き

換え問題にも挑戦するぞ。定番中の定番だ。まずはトップ３。表にまとめるぞ。

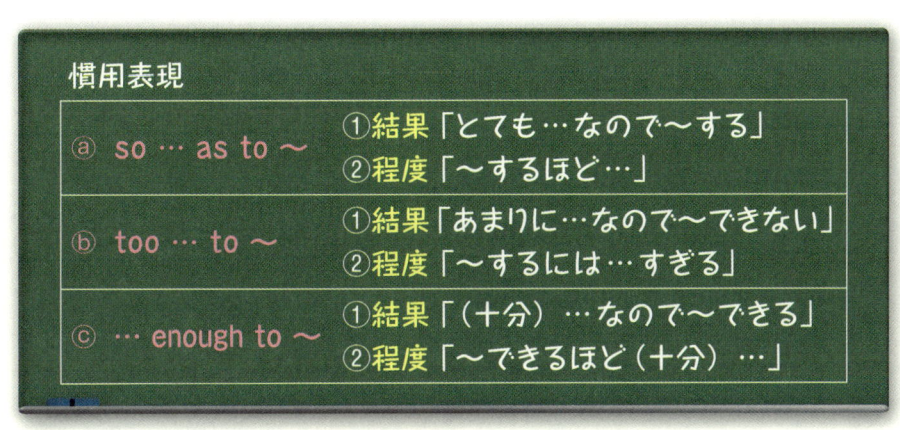

慣用表現

ⓐ	so … as to ～	①結果「とても…なので～する」 ②程度「～するほど…」
ⓑ	too … to ～	①結果「あまりに…なので～できない」 ②程度「～するには…すぎる」
ⓒ	… enough to ～	①結果「（十分）…なので～できる」 ②程度「～できるほど（十分）…」

🧑 それぞれ訳し方が①結果と②程度の２つあるんですか？

👨 そうだ。文脈によってどちらにするか判断することになる。それでは、問題。

問 次の英文を、①結果と②程度の２通りの日本語に訳せ。

☐ 1　She was so careless as to leave the bag in the train.

☐ 2　This problem is too difficult to solve.

☐ 3　This town is beautiful enough to attract many foreigners.

解答

☐ 1　①彼女はとても不注意だったので、電車にカバンを置き忘れた。
　　②電車にカバンを置き忘れるほど、彼女は不注意だった。

☐ 2　①この問題はあまりに難しいので解くことができない。
　　②この問題は解くには難しすぎる。

☐ 3　①この町はとても[十分]美しいので、多くの外国人をひきつける。
　　②この町は多くの外国人をひきつけるほどとても[十分]美しい。

まず □1。上の表の ⓐ に当てはめると、…部分が careless、to不定詞以下が to leave the bag「カバンを置き忘れる」だから、「とても不注意だったので、カバンを置き忘れた」と「カバンを置き忘れるほど、不注意だった」。

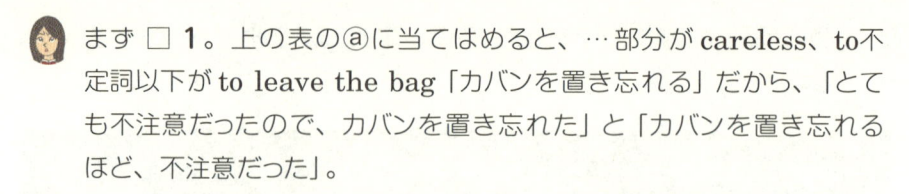

はい、正解。

□2 では表の ⓑ の…部分が difficult、to不定詞が to solve だから、「あまりに難しいので解くことができない」と「解くには難しすぎる」。

よし、よくできた。＜too…to～＞は形は肯定文なのに、①結果の訳では否定になることに注意が必要だ。

□3 では…部分が beautiful、to不定詞が to attract many foreigners「多くの外国人をひきつける」。だから「とても［十分］美しいので、多くの外国人をひきつける」と「多くの外国人をひきつけるほど十分美しい」。

これもよくできた。注意点としては、＜…enough to ～＞の…部分には形容詞や副詞が入るのだが、**語順が enough beautiful ではなく beautiful enough** になることだよ。

先生。さっき定番中の定番の書き換え問題とか言ってましたね。それって何なの？

よし、次の公式に覚えがあるか？

---

so … that ～　①結果「とても…なので～」
　　　　　　　②程度「～であるほど…」

あっ、知ってます。確かに、今さっきやった3つの慣用表現の意味と共通するところがありますね。もしかして、さっきの問題 □1～□3 の文をこの＜so … that ～＞で書き換えるんですか？

その通り。カンがいいなあ。ただし注意することを1つ言っておくぞ。

7 不定詞(2)

thatの後は節がくる。つまりS（主語）V（動詞）がなければいけないんだ。じゃ、やってみよう。

問 次の英文を、＜so … that ~＞の形に書き換えよ。

- □ 1　She was so careless as to leave the bag in the train.
- □ 2　This problem is too difficult for me to solve.
- □ 3　This town is beautiful enough to attract many foreigners.

解答
- □ 1　She was so careless that she left the bag in the train.
- □ 2　This problem is so difficult that I cannot solve it.
- □ 3　This town is so beautiful that it attracts many foreigners.

👧 □ 1 She was so careless that ~ 先生、ここまではわかるんですけど、~の部分をSVのある節にするのに、元の文には主語がないんです。

👨 ないってことは、文頭の主語Sheと同じと考えればいい。

👧 なるほど！　あとは時制も合わせなきゃね。

　　　　　　　　　　　　—同じ—
　　□ 1　She was so careless that she left the bag in the train.
　　　　　　　　　　　　　　　　　　　 S　　V
　　　　　　　　—時制を合わせる—

👨 その通り。□ 2 はどうだ。さっきと少し英文を変えてあるぞ。

👧 あれ？　for meって何？

これは to solve の意味上の主語。つまり「誰が」solve「解く」のかを明示している。

あっ、そうなの。「この問題はあまりに難しいので私には解けない。」と訳すのね。

そう、その日本語をヒントに＜ so … that ～＞に書き換えるんだ。特に「私には」と「解けない」の否定の意味に注意しよう。

これじゃダメなの？

　　　□2　✗　This problem is so difficult that I cannot solve.

that の後を SV にするために I を入れたの。しかも「解けない」を意識して cannot と、ちゃんと否定文にしました。

う〜ん、頑張ったけど超おしい。まず、元の文では solve の目的語がないことに気付いたかな。solve it（＝ this problem）のような。これは文の主語の This problem と同じだから省略できるんだ。

へ〜、そうだったの。だから何なの？

ところが＜ so … that ～＞で書き換えた時、that 以下の節の部分では it（＝ this problem）は省略できないんだ。だから答えは、

　　　□2　◯　This problem is so difficult that I cannot solve it.

わかりました。以後、注意しますね。じゃ、次へいって下さい。

□3は that の後、主語に it（＝ this town）を入れるのがポイントだ。

う〜ん、少し英語を好きになってきたかも。

第8講 動名詞

- ❶動名詞の基本／❷動名詞だけを目的語にとる動詞
- ❸不定詞だけを目的語にとる動詞
- ❹動名詞と不定詞の両方を目的語にとれる動詞
- ❺動名詞と不定詞の両方を目的語にとるが意味が異なる動詞
- ❻動名詞の意味上の主語／❼動名詞の否定形
- ❽動名詞の完了形／❾動名詞の受動態
- ❿動名詞の慣用表現(1)／⓫動名詞の慣用表現(2)

❶動名詞の基本

> さあ、それでは動名詞に入っていこう。

> あれ、先生。これも変な品詞ね。動名詞って。一体どっちなの？ 動詞なの名詞なの？

> そう、文字通りそんな品詞なんだ。**動詞と名詞の働きをあわせ持ってる**んだ。ズバリ形と意味は、

〜ing「〜すること」

> **動詞の〜ing形**が動名詞なんだ。で、**意味は「〜すること」**。なるほどね、「〜すること」だから名詞なのね。

> そう。それと動名詞 〜ing「〜すること」は**主語**や**補語**、**目的語**や**前置詞の目的語**になるから、**名詞的な働きをしている**といえるぞ。

> えっ、どういう意味？ 例をあげて下さい。

例文

ⓐ **主語**

Taking a walk every morning ★ is good for your health.
         S

「毎朝散歩する<u>こと</u>は健康に良い。」

ⓑ **補語**

My hobby is <u>collecting stamps</u>.
                C

「私の趣味は切手を集める<u>こと</u>です。」

ⓒ **目的語**

She likes <u>playing the piano</u>.
           O

「彼女はピアノを弾く<u>こと</u>が好きだ。」

> ⓓ**前置詞の目的語**
> My mother ★is very good at <u>making a cake</u>.
> 前置詞の目的語
> 「私の母はケーキを作る<u>こと</u>がとてもうまい。」

- 例えばⓐ**主語**では、take a walk「散歩する」の動詞 take を動名詞 taking にして、Taking a walk every morning 全体が**主語のカタマリ**になったんだ。しかも a walk という目的語を必要としたり、every morning という副詞を伴うあたりは動詞の性質も残しているぞ。

- ⓑ**補語**の is collecting って、現在進行形「集めているところだ」ではないんですか？

- だとすると意味が変だろ。確かに形は同じだけどね。collecting stamps「切手を集めること」、これは動名詞が**補語**になっているんだ。文脈から判断すればいいぞ。

- ⓒ**目的語**はわかるけど、ⓓ**前置詞の目的語**って何なの？

- **前置詞の後には名詞がくる**のは知ってるな。<u>make a cake</u>「ケーキを作る」の make のような動詞は前置詞の後にはもってこられない。そこで動詞 make を動名詞 making に変えると、前置詞 at の後に置くことができるんだ。

- ところで先生、ⓒ目的語なんですけど、P.125 の第6講で学んだ不定詞の名詞用法＜to ＋動詞の原形＞「～すること」に書き換えて、

    ⓒ'　She likes to play the piano.

にできますよね。だったら、他の動詞でも同じように動名詞を不定詞の名詞用法で書き換えてもいいんですか？

- いや、できるものとできないものがある。例えば、動詞 enjoy「楽しむ」は、**動名詞を目的語にできるが不定詞を目的語にはできない**ぞ。

★be good for ～「～に良い」
★be good at ～「～が上手である」

> **例文**
>
> ○ I enjoyed playing tennis.
>   「私はテニスをすることを楽しんだ。→テニスをして楽しんだ。」
>
> × I enjoyed to play tennis.

🧑 え〜、そうなんだ。先生、逆の場合はどうですか？ 不定詞を目的語にとれるけど動名詞はダメみたいな……。

👨 あるよ。例えば動詞 hope「望む」の場合がそうだ。

> **例文**
>
> ○ I hope to see him again.
>   「私はまた彼に会うことを望む。→会いたい。」
>
> × I hope seeing him again.

🧑 これって、何か規則性あるの？ こんな動詞は動名詞しか目的語にとらないとか。

👨 よし、そのことを解説する前にまず、表にまとめてみよう。

❷動名詞だけを目的語にとる動詞

```
動名詞だけを目的語にとる動詞1
メ    mind           ┐          ┌嫌がる」
      enjoy          │          │楽しむ」
ガ    give up        │          │やめる」
      avoid          ├ ～ing 「～することを ┤避ける」
フェ  finish         │          │終える」
      escape         │          │逃れる」
プ    practice       │          │練習する」
ス    stop           ┘          └やめる」
```

🧑‍🦰 あ～、「**megafeps（メガフェプス）**」って聞いたことある。でも、それ何なの？ 怪獣の名前？

🧑 う～ん、謎だ。でも何回か言っているうちになぜか覚えてしまう。これは、動名詞だけを目的語にとる動詞の頭文字をつなげたものだ。では1つ問題を解いてみよう。

問 次の英文の[　]内の語を適当な形に変えよ。

☐ 1　He finished [read] the book three days ago.
「彼は3日前にその本を読み終えた。」

解答 ☐ 1　reading

🧑‍🦰 な～んだ。簡単。**finish** は **megafeps（メガフェプス）**に入っているから目的語は不定詞ではなく動名詞、だから正解は **reading** ね。

🧑 その通り。

👩 でも、本当にこれだけなんですか？

👨 いや、まだあるぞ。

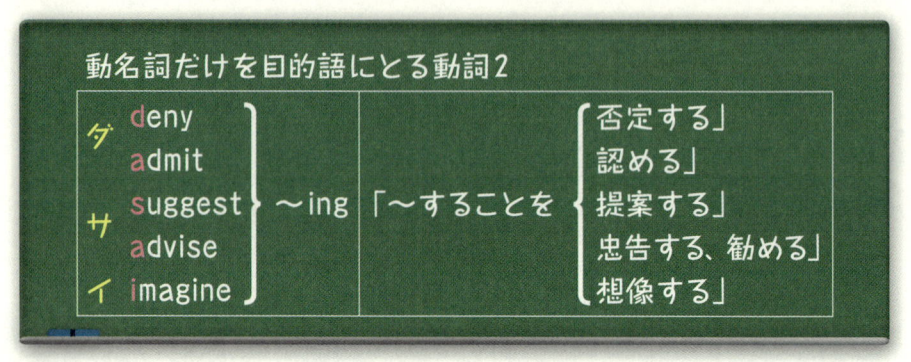

動名詞だけを目的語にとる動詞2

- **d**eny
- **a**dmit
- **s**uggest   ～ing 「～することを」
- **a**dvise
- **i**magine

「否定する」
「認める」
「提案する」
「忠告する、勧める」
「想像する」

ダ・サ・イ

👩 「**megafepsdasai**（メガフェプスダサイ）」って覚えるんですか？イヤだなあ。

👨 イヤなら自由に変えていいんだ。もし、今後これら以外に「動名詞だけを目的語にとる動詞」が出てきたら、これに加えて、自分でゴロ合わせを作ればいいんだよ。なんとか覚えて合格したいという気持ちが大切なんだから。では念のためにここでもう1問トライしよう。

問 次の英文の [ ] 内の語を適当な形に変えよ。

☐ 1 My father suggested [go] on a picnic.
「父はピクニックに出かけることを提案した。」

解答 ☐ 1 going

👩 え～っと。イヤだけど **megafepsdasai**（メガフェプスダサイ）で **suggest** は動名詞だけを目的語にとるから、正解は going。

👨 よし、いいぞ。

👩 先生、逆に動名詞でなく不定詞だけ目的語にとる動詞って、ありますか？

もちろん。次の表にまとめたぞ。

❸ 不定詞だけを目的語にとる動詞

不定詞だけを目的語にとる動詞

agree	「同意する」	offer	「申し出る」
care	「好む」	plan	「〜するつもりである」
decide	「決心する」	pretend	「〜するふりをする」
expect	「〜するつもりである」	promise	「約束する」
hope	「望む」	refuse	「拒否する」
mean	「〜するつもりである」	wish	「〜したい」

例文

□ 1　I've decided to become an astronaut.
「私は宇宙飛行士になることに決めた。」

ゴロ合わせはないの？

ゴロ合わせより何か規則性、共通点に気付かないか？

え〜っと……。あっ、あった！「決心する」「〜するつもりである」「望む」「約束する」とか、未来に向かって「意欲」というかなんか積極的な感じがする。

その通り。念のために確認すると、megafepsdasai（メガフェプスダサイ）はどうかな？

動名詞だけ目的語にとるものね……。「〜することを嫌がる」「〜することをやめる」「〜することを避ける」「〜することを終える」「〜

することを逃れる」「〜することを否定する」。なんか消極的なものが多いわ。

そうだろう。でも、「動名詞だけを目的語にとる動詞」にもenjoy「楽しむ」があったり、「不定詞だけを目的語にとる動詞」にもrefuse「拒否する」があったりと、例外が存在する。しかも……。

先生、待って。もしかして、動名詞も不定詞も両方目的語にとれる動詞があるとか言うんじゃないでしょうね。

もちろんあるよ。また表にまとめよう。

❹動名詞と不定詞の両方を目的語にとれる動詞

動名詞と不定詞の両方を目的語にとれる動詞			
begin	「始める」	like	「好む」
continue	「続ける」	love	「愛する」
hate	「嫌う」	neglect	「〜し忘れる」
intend	「〜するつもりである」		など

例えばこれらの動詞は次の例文のように、動名詞でも不定詞でもほとんど意味は変わらないぞ。

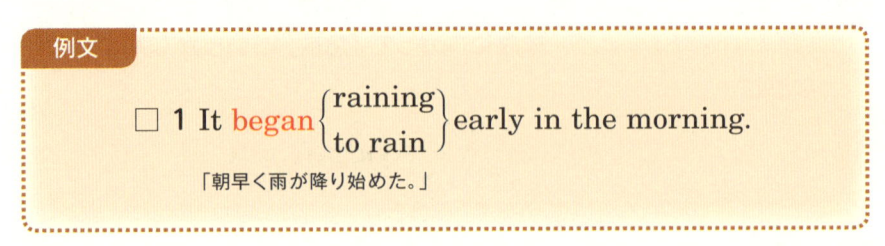

例文

☐ 1 It began $\begin{Bmatrix} \text{raining} \\ \text{to rain} \end{Bmatrix}$ early in the morning.
「朝早く雨が降り始めた。」

上の表も覚えるの？ イヤだなあ。まったく規則性が見えないし……。しかもこんなにたくさん覚えられません。

これ以外にもまだあるぞ。

じゃ、どうしたらいいの？

よし、いい方法を1つ教えよう。ズバリ、

> **megafepsdasai（メガフェプスダサイ）以外は不定詞**

えっ、どういうこと？ megafepsdasai（メガフェプスダサイ）の動詞は動名詞を目的語にとる。それはいいわ。でも、それ以外がすべて、不定詞を目的語にとるとは限らないでしょ。だって、begin は動名詞も不定詞も両方目的語にとるでしょ。

なら、いいだろう。begin は megafepsdasai（メガフェプスダサイ）には入ってないから、不定詞を目的語にとるといっても間違いではないはず。

よくわからないわ。問題で説明して下さい。

問 次の英文の [　] 内の語を適当な形に変えて日本語に訳せ。

☐ 1　My sister avoided [go] out in the rain.
☐ 2　My son promised [write] a letter once a week.
☐ 3　I didn't intend [hurt] you.

!ヒント
☐ 3　hurt「傷つける」

解答
☐ 1　going　私の姉[妹]は雨の中外出することを避けた。
☐ 2　to write　私の息子は週に1回手紙を書くと約束した。
☐ 3　to hurt ／ hurting　私はあなたを傷つけるつもりはなかった。

☐ 1 は余裕だね。avoid は megafepsdasai（メガフェプスダサイ）に入っているから、going。☐ 2 の promise は入っていないから、to write。□3のintendも入ってないからto hurt。でもintendは動名詞、不定詞の両方を目的語にとれるから、hurtingでもいいんでしょ？

🧔 もちろん。でも「両方とれる動詞」まで全部はなかなか覚えられないし、表以外にもあるから **megafepsdasai（メガフェプスダサイ）以外は不定詞**と覚えておけば間違いない。

👩 しかも、□3のような解答が2つある問題は入試にも出ないしね。

🧔 実は、動名詞と不定詞の両方を目的語にとる動詞で、ものすごく大切なことがあるんだ。

❺ 動名詞と不定詞の両方を目的語にとるが意味が異なる動詞

👩 beginやstartは動名詞と不定詞の両方を目的語にとるけど、意味がほとんど変わらないんでしょ？ 意味が異なる動詞って何なのかしら？

🧔 ズバリ、**remember、forget、try**、この3つをおさえよう。まず表にまとめるから、1つの規則性を見破ろう。

動名詞と不定詞の両方を目的語にとるが意味が異なる動詞	
remember 〜ing	「〜したことを覚えている」
remember to 〜	「(これから)〜することを覚えている」
forget 〜ing	「〜したことを忘れる」
forget to 〜	「(これから)〜することを忘れる」
tried 〜ing	「試しに〜してみた」
tried to 〜	「〜しようとした」

🗣 あっ、先生。もしや、**動名詞〜ing は過去**を表し、**不定詞は未来**を表すのでは？

🗣 大当たりだ。では、左の表を参考に次の問題を解いてみよう。

> **問** 次の各組の英文を日本語に訳せ。
>
> ☐ 1　ⓐ　I remember mailing the letter yesterday.
> 　　　ⓑ　Please remember to mail the letter tomorrow.
> ☐ 2　ⓐ　My son will never forget visiting this town in his childhood.
> 　　　ⓑ　Don't forget to lock the door.
> ☐ 3　ⓐ　She tried opening the window.
> 　　　ⓑ　She tried to open the window.
>
> ❗ヒント
>
> ☐ 1　mail「郵送する」
> ☐ 2　ⓐ in one's childhood「子供時代に」
> 　　　ⓑ lock 〜「〜に鍵をかける」

> **解答**
> ☐ 1　ⓐ　私は昨日その手紙を郵送したことを覚えている。
> 　　　ⓑ　明日、その手紙を郵送することを覚えておいて下さい。
> ☐ 2　ⓐ　私の息子は子供の頃この町を訪れたことを決して忘れないでしょう。
> 　　　ⓑ　ドアに鍵をかけることを忘れるな。
> ☐ 3　ⓐ　彼女は試しに窓を開けてみた。
> 　　　ⓑ　彼女は窓を開けようとした。

🗣 では ☐ 1 ⓐからいくね。mailing は動名詞だから過去を表して「郵送したこと」。ⓑ to mail は不定詞で未来を表し、「（これから）郵送すること」。

🗣 ⓑ **remember to 〜**「〜することを覚えている」を「忘れずに〜

する」と訳すことも多いから、「明日、その手紙を忘れずに郵送して下さい。」でもいいぞ。

□2 ⓐ visiting は動名詞だから過去で「訪れたこと」ですね。ⓑ to lock は不定詞で未来を表し「(これから) 鍵をかけること」。

OK だ。問題は次だ。表をもう 1 度見てくれ。try が tried と過去形になっているのがわかるかな？

あっ、ホント。なんで？

try に関しては過去形で覚えた方が理解しやすいぞ。

□3 ⓐ **tried ～ing「試しに～してみた」**だから「試しに開けてみた」。

そう。つまり、窓は確かに開いたということ。動名詞 opening は過去を表しているからだよ。

ⓑ **tried to ～「～しようとした」**だから「開けようとした」。

そうだ。開けようとしただけで、開いたかどうかは不明。不定詞 to open は未来を表し、未来のことはわからないからだ。tried opening と tried to open の違いがわかったかな？

はい、バッチリわかりました。

さらにもう1つ、次の2つの文の違いはわかるかな？

問 次の英文を日本語に訳せ。

□1 He stopped smoking.
□2 He stopped to smoke.

解答 □1 彼はタバコを吸うことをやめた。
□2 彼はタバコを吸うために立ち止まった。

- 先生変だわ。megafepsdasai（メガフェプスダサイ）でstopは目的語に動名詞しかとらないって言ったでしょ。

- おっ、よく覚えてるな。ただしP.175【動名詞だけを目的語にとる動詞1】の表をよく見てくれ。megafepsdasai（メガフェプスダサイ）のstopは「やめる」の意味だ。

- えっ、□2のstopは「やめる」じゃないの？

- そう、そこがポイント。このstopは「立ち止まる」だ。さらにto smokeはP.137の第6講でやった不定詞の副詞用法の⒜目的で「タバコを吸うために」となる。

- あれ、先生、誰か来たわ。ちょっと恐そうね。

- あっ、来てしまった。あいつはヤバイ。

- お〜、先生、ワルイ、ワルイ。遅れちまったよ。

- おまえ24分遅刻だ。

- オーケー。ギリギリセーフ。

- なんでだよ。

- オレの通っている高校ではさあ、チャイムが鳴った時は教室には3人しかいね〜よ。残りのやつはさあ、24分経ったらみんな一気にやって来るんだ。

- え〜、おまえの通っているスーパーヤンキー高校もそうなのか。俺が昔教えてたスーパーヤンキー高校もそうだったなあ。

- え〜？　でもどうして24分なの？

- そんなもん決まってんだろう。50分授業だから25分までに来れば遅刻扱い、出席扱いだからだよ。

- へ〜、スーパーヤンキーって、いいかげんなのかと思ったら、毎回24分で教室に来るあたり、意外に几帳面ね。

- で、今日はどうしたんだ？
- オレよ〜早稲田大学に行きたいんだよな。でもよ〜、オレが早稲田大学って言ってもよ〜、誰も相手してくんないしよ〜。
- 学校の授業しっかり受けたらどうなの？
- ダメだよ。うちの高校、中間・期末もねえからさあ。
- え〜どうしてないの？
- いや、最初はあったんだ。でもよ〜、テストが始まったらみんな、仲間の答え見ようと歩き出すからさ、テストにならねえんだよ。まあ、見てもしかたないんだけどさ。仲間の答えも間違ってるからな。しかも答え見ても、自分の机に戻るまでに忘れちまうやつもけっこういるしさ。
- それで、定期試験がなくなったのね。
- それと、ヤンキー高校の修学旅行なんてよ〜、露天風呂で……。
- もういいよ。それでおまえ、早稲田大学に行って何すんだ？
- わかんね〜よ。でも、オレ絶テー行きたいんだ。おまえなんか無理だって言いやがった、あのヤローを見返してやりたいんだ。それと、よくわかんないけど、法学部へ行って少年法？　そういうのを学びてえんだよ。そして弁護士になってオレみたいなやつをさあ。あ〜なんかわかんねえ。そんなんじゃダメかなあ。
- 大丈夫。おまえがどうしても早稲田大学に行きたい、**その気持ちが本物ならそれだけでけっこう**。じゃ、慣れるまで、そこで聞いてろ。もし、質問があったらすぐに割り込んできていいぞ。
- よっしゃ、わかった。

❻動名詞の意味上の主語

不定詞と同じように動名詞にも意味上の主語があるぞ。まずは次の例文を見てくれ。

> **例文**
> ☐ 1　She ★insisted on going out ★at once.
> 「彼女はすぐに外出することを強く要求した。」
> →「外出すると言って聞かなかった。」

前置詞 on の後に動名詞 going がきているのは当たり前だな。では、1つたずねるぞ。ここでは「誰が」外出するのかな。

もちろん、主語の She「彼女」ですよね。

その通り。では次のような場合どうすればいい？

> **問**　次の英文の空所に適語を入れよ。
>
> ☐ 1　She insisted on (　　) going out.
> 「彼女は彼が外出することを強く要求した。」

あれ、この文では外出するのは「彼女」ではなくて「彼」ね。じゃ空所に「彼が」を入れればいいのね。どうしたらいいの？

これだ!!

> **動名詞の意味上の主語**
> ➡ 動名詞の前に置き、所有格、もしくは目的格で表す。

★ insist on ～ing「～することを強く要求する」
★ at once「すぐに」

すると「彼」の所有格は his、目的格は him だから、

解答
□ 1　She insisted on **his** going out.

　そうだ。もちろん目的格の him を入れてもいいぞ。でも、例えば外出するのが、「彼」ではなく「彼女の息子が」だったらどうする？

　所有格 her son's、目的格は……？　あれ？　どうすればいいのかな？

　そのまま her son で目的格なんだ。こちらの方が口語的だな。

　　□ 1'　She insisted on **her son's [her son]** going out.
　　　　「彼女は息子が外出するよう強く要求した。」

　おそらく息子さんが家に引きこもりがちなのね。だから外出するようお母さんが強く要求したんだね。

　でも、逆の場合もあるよなあ。いつも遊んでばっかりで家に帰らない息子に「外出しちゃダメ」というような……。

　ちょ〜っと待った！　なんだよ。オレのことかよ。オレも母ちゃんからよく言われるよ。そんなことはどうでもいいんだけど。でも黙って聞いてるだけじゃ、つまんないよ。オレにもやらせろよ。

❼動名詞の否定形

　よっしゃ、ちょうどよかった。では、お母さんが息子に「外出してはいけない」というような場面の問題を解いてくれ。

問　次の英文の空所に適語を入れよ。

□ 1　She insisted on her son (　　　) going out.
　　「彼女は息子が外出しないよう強く要求した。」

お〜、オレのことだ。これは絶テーハズせないなあ。待てよ。外出しないようだから、否定だな。否定とくれば空所にはnotしかないっしょ。どうよ。

解答　☐ 1　She insisted on her son **not** going out.

やった。大正解。おまえ、なかなかやるな。

軽いもんよ。オレは元々、英語けっこう好きだったんだよなあ。でも中学生の頃、オレどうも先生とうまくいかなかったんだ。だからそれから、なんか英語が苦手になってさ。

そうだ、「英語嫌い」とか「苦手」って、その程度のことだ。根本的に**苦手、嫌いってことはない**んだ。今後、俺の授業を通して、**知識量、情報量が増えてきたら誰でも「英語が好きだ」って言い出す**から。

そうかな。オレさ授業を受けてると、なんか眠くなっちまうんだよな。やっぱりオレって集中力ねえのかなあ。

いや、眠くなったり集中力が欠けるのは、おまえだけのせいじゃない。もし生徒にとってわくわくするような授業なら、決して眠くならないはず。もしよかったら、東進の（公開）授業を見に来いよ。決して眠くならない、いつまでも終わって欲しくない授業を体験できるぞ。

本当かよ。オレだけが悪いんじゃねえのか。じゃ、ちょっとだけ本気になってやるか。東進の授業？　考えておくよ。

じゃ、話を戻そう。動名詞の否定形。

> 動名詞の否定形➡動名詞の直前にnot
> not 〜ing「〜しないこと」

なんだ。テキトーにカンで言ったのに当たったのか。

じゃ、本当に理解できているか試してみるぞ。

問 次の英文を日本語に訳せ。

☐ 1 He complains of his daughter's not studying English hard.

え〜、そもそも complain なんて知らないし。

大丈夫。知らないものは今覚えればいい。**complain of 〜ing「〜することに不平を言う」**だ。

だとすると、あっ、not studying だから「勉強しないこと」。それと「誰が勉強しないのか」というと、その前にある his daughter's「彼の娘が」だな。's が所有格だろ？ なんだ簡単。

解答 ☐ 1 彼は娘が英語を一生懸命勉強しないことに不平を言う。

余裕だな。文句なしだよ。

ちょっと私にもやらせてよ。

あっ、ごめん。

❽動名詞の完了形

さあ、それでは動名詞の完了形へ移ろう。形は、

> 動名詞の完了形：having ＋過去分詞

例えば eat なら、普通の動名詞だと eating、完了形の動名詞なら

having eaten。

🧑‍🦰 へ〜、これは何のために使うの？ もしかしたらP.152の不定詞と同じ？

👨 そうだ。

> 動名詞の完了形 ➡ 述語動詞の表す時よりも前
> having ＋過去分詞「〜したこと」

👨 よし、まず通常の動名詞を使った例文を見てみよう。

例文

☐ 1 He ★is proud of being a ★film actor.
　　　　　└──同時──┘
「彼は映画俳優であることを誇りに思っている。」

☐ 2 He is proud of having been a film actor.
　　　　現在　　　　　　　　過去（述語動詞 is より前）
「彼は映画俳優だったことを誇りに思っている。」

👨 ☐1 は（現在）映画俳優であることを誇りに思っているんだ。ところが、☐2 ならどうだ。

🧑‍🦰 完了形の動名詞 having been は述語動詞 is (proud) の表す時より前でしょ。

👨 そうだな。では ☐1 と ☐2 の文を次のように書き換えるとわかりやすいかな？

例文

☐ 1' He ★is proud that he is a film actor.
　　　　　└───同時───┘
☐ 2' He is proud that he was a film actor.
　　　　　　　　　　　└──is より前──┘

> ★be proud of 〜「〜を誇りに思う」
> ★film actor「映画俳優」
> ★be proud that 〜「〜ということを誇りに思う」

ただし厳密に言うと□2は過去から現在まで映画俳優だった可能性もあるぞ。文脈から判断しよう。

□ 2'　He is proud that he has been a film actor.
「彼は（今までずっと）映画俳優だったことを誇りに思う。」

❾動名詞の受動態

動名詞に受動態があるんですか？

そうだ。でもそんなに苦労することはない。1つ問題を解いてみよう。

問　次の英文の空所に適語を入れよ。

□ 1　I hate (　　) (　　) by my teacher.
「先生に叱られるのは大嫌いだ。」

解答　□ 1　I hate **being scolded** by my teacher.

まず、「叱る」ってなんだっけ？ あっscoldね。もし「叱ること」だったら動名詞を使ってscolding。でも、ここは**「叱られる」だから受動態**。わかったわ。「叱られること」にすればいいのね。でもどうすればいいのかしら？

よし、教えよう。動名詞の受動態はズバリ、

> 動名詞の受動態：being ＋過去分詞「〜されること」

＜be動詞＋過去分詞＞が受動態だから、be動詞をbeingにして＜being＋過去分詞＞で「〜されること」となるんだ。ここでは、

> 動詞　　　　　　scold「叱る」
> 動名詞　　　　　scolding「叱ること」
> 動名詞の受動態　being scolded「叱られること」

🙋 なるほど、わかりました。

👨‍🏫 いいぞ。では、少し発展問題。

問 次の英文の空所に適語を入れよ。

☐ 1　I hate (　　)(　　)(　　) by my teacher yesterday.
　　「私は昨日先生に叱られたことを嫌に思う。」

P.189も参考にするといいぞ。

🙋 「叱られること」が being scolded だから「叱られたこと」は……？ あっ、そうだ。hate「嫌に思っている」のは現在で「叱られた」のは昨日で過去だから、「叱られた」のは述語動詞 hate より前のこと。つまり完了形にすればいいのね。**be scolded「叱られる」の完了形は having been scolded「叱られたこと」**だから正解は、

解答　☐ 1　I hate **having been scolded** by my teacher yesterday.

👨‍🏫 お〜、これはかなりの難問。よくできたぞ。

> **動名詞の受動態の完了形**
> having been ＋過去分詞「〜されたこと」

👩 じゃ、この調子でもう1問、動名詞の受動態の問題出してみて。

注意すべき動名詞の受動態

では、次の問題解いてみて。しかし恐るべきワナが隠されているぞ。

恐るべきワナ？ 面白いじゃないの。

問 次の英文の[　]内の語を適当な形に変えよ。

☐ 1　My bicycle needs[repair].
　　「私の自転車は修理する必要がある。」

ヒント　repair「修理する」

ワナの正体がわかったわ。日本語が「修理する」になっていても、主語が「自転車」だから<u>「修理される」</u>と考えないといけないのね。だから答えは being repaired ね？　あれ、2語になっていいのかしら？ だとすると、repaired が正解なのかな？

う～ん、やるな。いい線いってるぞ。でもな、意外なことに、なんと、

解答　☐ 1　repairing

> **S need ～ing「S は～される必要がある」**

えっ、普通の動名詞 ～ing で「～される」と訳すの？

そう、実は **need、want**「必要がある」、**require**「必要がある」など、「必要がある」という意味を表す動詞の後の動名詞 ～ing はそのままで受け身の意味を表し、「～される」と訳すんだ。主語の bicycle は「修理する」のではなく「修理される」んだ。人間が主語なら「修理する」でいいんだけど。だから厳密に訳すと「私の自転車は修理される必要がある」とすべきだが、自然な日本語で表すと「修

理する必要がある」となる。

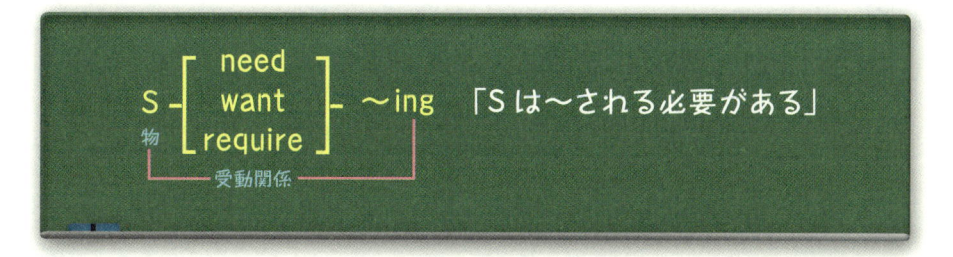

> S 物 [need / want / require] 〜ing 「Sは〜される必要がある」
> ——受動関係——

問 次の英文の [　] 内の語を不定詞を使って書き換えよ。

□ 1　His car needs [washing].
「彼の車は洗う必要がある。」

解答　□ 1　His car needs to be washed.

不定詞で表すには to be washed のように受動態にしないといけないのか。不定詞への書き換えがいつでもできるようにしっかり復習するね。

⑩動名詞の慣用表現(1)

では最後に慣用表現。これも意外に出題率の高いところだ。

でも先生、慣用表現(1)ってなぜ(1)なんですか？

まず(1)では、少し説明を加えなければいけない、要注意を含むもの。(2)では**一気に覚えた方が効率のいい**ものをまとめたぞ。

> **問** 次の英文の[　]内の語を適当な形に変えて、日本語に訳せ。
>
> ☐ 1　I'm looking forward to [see] you again.
> ☐ 2　He is used to [sit] up late at night.
> ☐ 3　What do you say to [go] for a walk?
> ☐ 4　My mother objected to my [go] abroad.

あれ？　先生、単元が違ってませんか？　この講では動名詞を扱っているんですけど。

どういうこと？

だって☐1～☐4の[　]はtoの後、つまり不定詞。答えは全部、動詞の原形でしょ？　☐4はちょっと気になるけど……。

大間違いだ。実はなんと☐1～☐4のtoは不定詞ではなくて前置詞なんだ。前置詞の後に動詞を置くことはできないからどうする？

あっ、動名詞ね。なら答えは……。

待て。次の表をヒントにしよう。

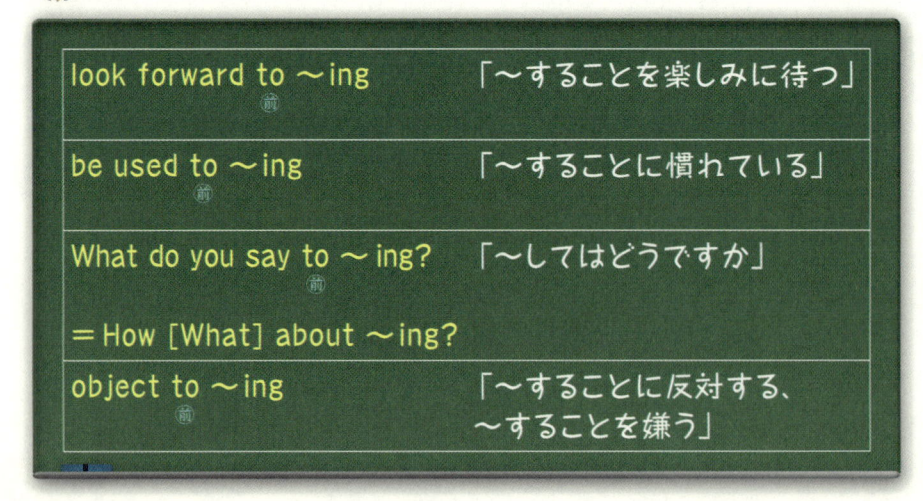

look forward to ～ing （前）	「～することを楽しみに待つ」
be used to ～ing （前）	「～することに慣れている」
What do you say to ～ing? （前） = How [What] about ～ing?	「～してはどうですか」
object to ～ing （前）	「～することに反対する、 ～することを嫌う」

解答
- □ 1　seeing　私はあなたにまた会うことを楽しみに待っている。
- □ 2　sitting　彼は夜遅くまで起きていることに慣れている。
- □ 3　going　散歩に出かけてはどうですか。
- □ 4　going　私の母は私が外国へ行くことに反対した。

□ 4 は going の前の my は動名詞の意味上の主語だ。もちろん me でもいいぞ。my [me] 〜ing で「私が〜すること」と訳すことを、ちゃんと覚えていてくれ。もう1度、念のために言っておくぞ。

前置詞 to　と　to不定詞　を区別せよ

さて、もう1題。今度は和訳してみよう。

問　次の英文を日本語に訳せ。

□ 1　Do you mind opening the window?
　　　No, not at all. ／ Certainly not.

!ヒント　not at all「まったく〜ない」

え〜っと、まず mind 〜ing で「〜することを嫌がる」だから、「あなたは窓を開けるのを嫌がりますか？」って何これ？

「あなたは〜するのが嫌ですか」→「〜してくれませんか」と考えてみよう。

あっ、わかった！

> **解答** □ 1　窓を開けてくれませんか。
> はい、いいですよ。／はい、いいですよ。

🧑 正解。

👩 ところで No, …と答えが続くんだけど、「窓を開ける」のを断ってるんですか？

🧑 いや、これは OK しているんだ。もう1度、直訳を思い出してみよう。「あなたは窓を開けるのを嫌がりますか？」だから **No, not at all.** で「いいえ、まったく嫌がりません」つまり「はい、いいですよ」となる。**Certainly not.** もまた **not** となっているから、「もちろん、嫌ではない」つまり「はい、いいですよ」。なお、**Of course not.** も同じだ。

> **問**　次の英文を日本語に訳せ。
>
> □ 1　Do you mind my opening the window?
> 　　　No, not at all. ／ Certainly not.

👩 さっきと違って、my opening になっている！ my は opening の意味上の主語ね。だから「私が開けること」。そうすると直訳してみると「あなたは私が窓を開けることを嫌がりますか。」となって、「(私が)窓を開けていいですか。」と考えるのね。

🧑 その通り。No, not at all. で「いいえ、窓を開けるのがまったく嫌じゃないです。」→「はい、いいですよ。」となるのはこちらも同じだぞ。

> **解答** □ 1　窓を開けていいですか。
> はい、いいですよ。／はい、いいですよ。

じゃ、先生。もし「嫌」だったら何て断ればいいの？

Yes, I do（= mind）．「嫌です」。でもこれだけだと失礼だから、その後に理由を付け加えた方がいいぞ。あっ、それと質問の文を Would you mind (my) opening the window? とする場合もあるけど、これはより丁寧な形だ。

> Do [Would] you mind 〜ing …?　　「〜してくれませんか」
> Do [Would] you mind my 〜ing …?　「〜してもいいですか」
> ➡いい場合は No
> 　ダメな場合は Yes

⓫ 動名詞の慣用表現（2）

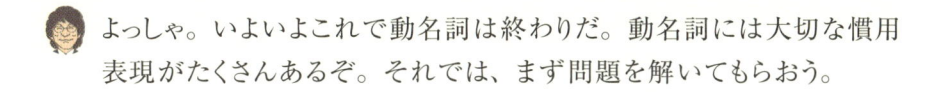

よっしゃ。いよいよこれで動名詞は終わりだ。動名詞には大切な慣用表現がたくさんあるぞ。それでは、まず問題を解いてもらおう。

問　次の各組の英文が同じ意味になるよう空所に適語を入れ、完成した英文を日本語に訳せ。

☐ 1　It is impossible to tell what will happen next.
　　= There (　　) (　　) (　　) what will happen next.
☐ 2　As she was ill, she couldn't become a member of the club.
　　= Her illness (　　) (　　) (　　) (　　) a member of the club.

> **解答**
> ☐ 1　There is no telling what will happen next.
> 　　「次に何が起こるかを言うことはできない。」
>
> ☐ 2　Her illness prevented her from becoming a member of the club.
> 　　「病気のために彼女はクラブのメンバーになることができなかった。」

まず ☐ 1 の上の文を日本語にすると、It は形式主語で to 以下を指しているから「次に何が起こるかを言うのは不可能だ」。だから……う〜ん……どうしよう、There で始まる文なんて思いつかないわ。

そう、大変だろう。でもこの慣用表現を知っていれば難なく解けるぞ。

> **There is no 〜ing「〜することはできない」**

ということは、「言うのは不可能だ」だから「言うことができない」と考えればいいのね。

そうだ。この表現を知らないと ☐ 2 も解答は容易ではないぞ。

> **S prevent O from 〜ing「S は O が〜することを妨げる」**
> 　　　　　　　　　　➡「S のために O は〜できない」

☐ 2 の上の文は「彼女は病気だったのでクラブのメンバーになれなかった。」が訳。上の黒板の S に Her illness、O に her、from 〜ing に from becoming を当てはめるのか。そして過去形の文だから、訳が「彼女の病気は彼女がクラブのメンバーになることを妨げた。」ってことね。

よし、よくできた。

でも、先生、これって慣用表現、つまり黒板にある公式を知らないと、できないでしょ？

うん、知っている方が圧倒的に有利。解答時間も節約できる。

じゃ、教えて下さい。試験に出る慣用表現。一気に覚えます。

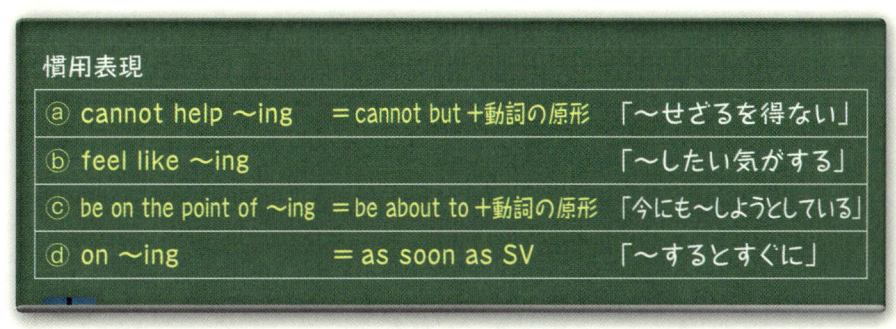

慣用表現

ⓐ cannot help 〜ing	＝ cannot but ＋動詞の原形	「〜せざるを得ない」
ⓑ feel like 〜ing		「〜したい気がする」
ⓒ be on the point of 〜ing	＝ be about to ＋動詞の原形	「今にも〜しようとしている」
ⓓ on 〜ing	＝ as soon as SV	「〜するとすぐに」

問題をつけておくから日本語にしてみよう。ⓐの **help** には「避ける」という意味がある。だから「〜することを避けられない」→「〜しないわけにはいかない」→「〜せざるを得ない」。ⓓの **on** は「接触」の意味がある。「〜することに触れたとたん」といった感じかな。

問 次の英文を日本語に訳せ。

☐ 1　I couldn't help laughing at his funny jokes.
　　＝ I couldn't but laugh at his funny jokes.
☐ 2　She doesn't feel like eating tonight.
☐ 3　He is on the point of leaving the room.
　　＝ He is about to leave the room.
☐ 4　On hearing the news, she turned pale.
　　＝ As soon as she heard the news, she turned pale.

ヒント　☐ 4 turn pale「青くなる」

解答
☐ 1　私は彼の面白い冗談を笑わないわけにはいかなかった。
☐ 2　彼女は今夜、食事をしたい気がしない。
☐ 3　彼は今にも部屋を出ようとしている。
☐ 4　その知らせを聞くとすぐ彼女は青ざめた。

もう少しだけ、オマケをつけてもいいかな。

イヤですけど我慢します。

問 日本語に合うように、与えられた語句を並べ換えよ。

☐ 1 こぼれたミルクを嘆いても無駄だ。
＝覆水盆に返らず。＜ことわざ＞
It [milk / over / use / crying / is / no / spilt].

☐ 2 この映画は何度も見る価値がある。
This [is / seeing / movie / again and again / worth].

ヒント ☐ 1 cry over ～「～を嘆く」
spilt は spill「こぼす」の過去分詞
☐ 2 again and again「何度も」

解答 ☐ 1 It is no use crying over spilt milk.
☐ 2 This movie is worth seeing again and again.

う～ん、やっぱりこれも公式があるんですよね。

そう、まずは表にしてみるぞ。

ⓐ It is no use [good] ～ing 「～しても無駄である」
ⓑ S is worth ～ing 「Sは～する価値がある」

これなら簡単。「こぼれたミルク」は spilt milk。ヒントを参考に公式ⓐに当てはめるんですね。

念のために言っておくと、☐ 1 の It は形式主語で動名詞 crying 以下が真の主語。不定詞だけでなく動名詞も真の主語になれるんだ。☐ 2 は S に This movie を当てはめる。主語の This movie と

動名詞 seeing は受動関係にある。だってそうだろう。映画というのは、「見る」のではなく、「見られる」ものだから。そこで、上の公式ⓑの訳は厳密に言うと「Sは〜される価値がある」となる。さらに□2は次のようにも書き換えられるぞ。

□ 2' It is worth while seeing this movie again and again.

今度こそ、最後。表を参考に後の文を日本語にしてみよう。

ⓐ	It goes without saying that 〜 = Needless to say 〜	「〜は言うまでもない」
ⓑ	never [cannot] … without 〜ing	「〜しないで…しない」 ➡「…すれば必ず〜する」

問 次の英文を日本語に訳せ。

□ 1 It goes without saying that he is the tallest in my class.
□ 2 They never meet without playing chess.

解答
□ 1 彼がクラスで一番背が高いということは言うまでもない。
□ 2 彼らは会えば必ずチェスをする。

COLUMN 難関大学合格のための MISSION 3

英語は高2の3月31日までにケリ

　もし君が、本当にあの難関大学に現役で合格したいと考えるなら、英語は高3に持ち越してはならない。**高2の3月31日で完全にケリをつける**んだ。つまり、英語については、高2のうちに、志望大学の合格ラインの点数を取り切り、高3では、その英語力をキープしながら、他教科をじっくり仕上げる。英語を高3に持ち越すと、なかなか結果が出ず、英語が"捨て教科"となってしまう学生も少なくないからである。付録のDVDの中でも、高3のみんながつらい思いをすることを覚悟で、高2のうちに英語を仕上げなければならない理由を明確にお伝えしている。

　さて、高1、高2のみんな、決意はできたかな？　「よくわかったよ。でも俺の高校は、それほど進学校ではないから、高2のうちに英語が終わるカリキュラムなんてないよ。」「部活、学校行事が忙しくて、時間が取れないよ。」「具体的に何をどうやったら、英語のケリがつくの？」「高2からそんなつらいことは嫌だ。」「高校の定期試験で精一杯。」などなど、みんなの声が聞こえてくるようだ。

　でも、安心してくれ。上に出てきた数々の不安を解消し、**高2のうちに英語を完成できる方法**を、みんなにお伝えする。魔法のような方法ではない、これこそが正攻法なのである。それは……、東進の「**映像授業**」だ。

　従来の予備校の集団授業では、決まった日の決まった時間に決まったカリキュラム。テキストが終わるのは高3の冬、受験直前だ。高2のうちにケリどころか、部活のスケジュールによっては、授業に参加することすらできない。それに対して、映像授業なら、部活など自分のスケジュールに合わせて、東進の先生とじっくり相談し、自分にピッタリのレベルから始めて、高2の3月31日までに英語が完成するよう計画を立てればいいのだ。ただし、学校行事、部活でお疲れの高1・高2の生徒が、本気で勉強に取り組むには、何より「**授業が楽しい**」こと。**本当にワクワクする授業**でないと続かない。もしよかったら、東進の公開授業（生授業）、体験授業（映像授業）に足を運んでくれ。**いつまでも終わって欲しくない、見たこともない授業**をお目にかけよう。君のヤル気に火がつくはずだ。

第9講

分詞(1)

❶ 分詞とは
❷ 分詞の限定用法
❸ 分詞の叙述用法
❹ 分詞を使った慣用表現

❶分詞とは

- さあ、いよいよ上巻の最後の品詞"**分詞**"だ。
- 久々、高1の海斗です。ところで先生、これまた変な名前。分詞って何なんですか？
- 動名詞は動詞と名詞の性質をあわせ持っていたけど、**分詞はなんと、動詞と形容詞の性質を**分かち持っている品詞なんだ。
- だから分詞ですか？ 分かち持つ品詞なら、動詞と形容詞でなくても何でもあてはまるんじゃないですか？ 俺なら形容動詞とか動形容詞とか言うかな？
- それも変だけど、まあ、そんなイメージかな。さて、分詞には次の2つがある。

> **分詞**
> 現在分詞　動詞の*原形*＋ing
> 　　　　　➡ eating, speaking など
> 過去分詞　動詞の*原形*＋ed（規則変化）と不規則変化
> 　　　　　➡ finished, spoken など

- ん？　動詞の〜ing形は動名詞も同じだけど、どう違うの？
- さっき言った通り、動名詞は名詞的な働きをし、**現在分詞は形容詞的な働きをする**んだ。
- でも先生、そもそも形容詞ってどんな働きでしたっけ？
- 基本的に**形容詞は名詞を説明（＝修飾）する**ものだが、次の例文を見てくれ。

9 分詞(1)

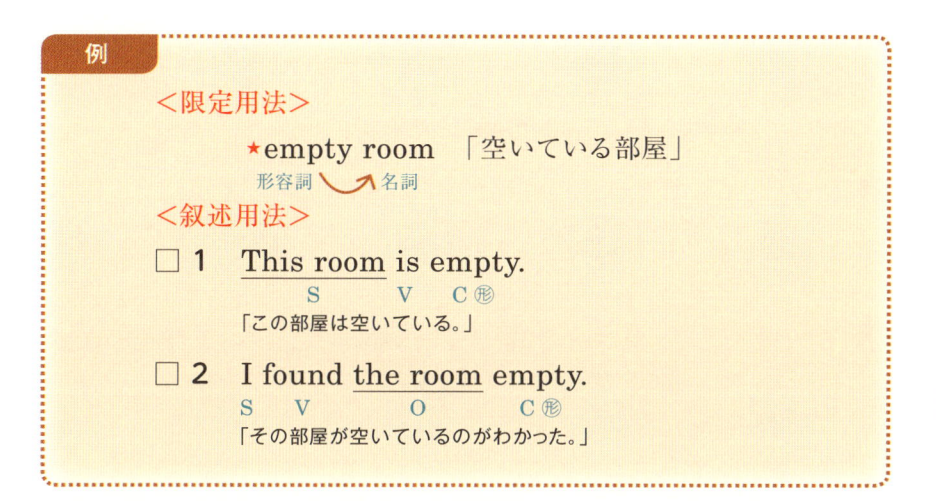

> **例**
>
> <限定用法>
>
> ★empty room 「空いている部屋」
> 　　形容詞　　名詞
>
> <叙述用法>
>
> □ 1　This room is empty.
> 　　　　 S　　　V　　C㊇
> 　　「この部屋は空いている。」
>
> □ 2　I found the room empty.
> 　　　S　 V 　　 O 　　 C㊇
> 　　「その部屋が空いているのがわかった。」

まず□1から。room「部屋」は名詞。empty「空っぽの」が形容詞で、名詞 room を「どんな部屋」なのか説明している。このように**名詞を直接説明する（＝修飾する）使い方**を、**形容詞の限定用法**と呼ぶぞ。

　例　tall boy、big box、など
　　　 ㊇ 　名　 ㊇ 　名

ひゃ～、またまた難解な専門用語。とにかく名詞を修飾するものが形容詞だね。

そう考えればいいよ。でも「限定用法」なんて言葉、さりげなく使えたらかっこいいぞ。次に□2の用法へいくぞ。思い出してくれ、第2文型 SVC と第5文型 SVOC。

おっ、俺けっこう得意。この本の第1・2講でしっかりやったから。

実は **SVC と SVOC の C（補語）の位置で形容詞が使われる用法**を、**形容詞の叙述用法**と言う。□2の文の形容詞 empty がその例だ。

★empty「空いている、空の」

なるほど。□1みたいに名詞に直接かかるのではなくて、補語の役割を果たしているのが叙述用法か……。あれ？　先生！　この講は形容詞の話ではなかったよ。分詞だったはず。

そうだ。この講では、形容詞としての働きを持つ「分詞」が、例文□1や□2のような使われ方をしているところから、まず見ていくことになる。

ちょっと待って。俺は、てっきり＜be動詞＋〜ing（現在分詞）＞が進行形で、＜be動詞＋過去分詞＞が受動態、そして＜have＋過去分詞＞が完了形、そんな話かと思ってたんですけど……？

お〜、いいところに気付いた。もちろん、それらも分詞の用法の1つだよ。でも、今回高校生として受験生として、どうしてもマスターしなければならないのは、分詞の限定用法、分詞の叙述用法なんだ。

う〜ん、難しそう。

難解なことを簡単にしてしまうのが渡辺流だ。いくぞ。

❷分詞の限定用法

まず次の4パターンを英語にしよう。これが限定用法のすべてだ。初めに、現在分詞の2パターンから。

> **問**　次の日本語を英語にせよ。
> □1　寝ている赤ちゃん
> □2　ベッドで寝ている赤ちゃん

あれ？　簡単そうで意外にできないぞ。

解答
- ☐ 1　a sleeping baby
- ☐ 2　a baby sleeping on the bed

　そうだろう。ではまず現在分詞から解説しよう。

1. 現在分詞

　現在分詞（以後〜ingで表す）は「〜している」という能動的な意味を持ち、名詞の前に置いて次のように使おう。

$$\sim\text{ing} + 名詞「〜している\ 名」$$

☐ 1 なら「寝ている赤ちゃん」なら a をつけて、

　　a sleeping baby

「ほほえんでいる少年」なら、

　　a smiling boy

　なんだ、簡単ですよ。

　そうだろう。では「歌っている鳥」は？

　もういいよ。a singing bird に決まってます。

　では次にいこう。☐ 2 の「ベッドで寝ている赤ちゃん」はどうなる？

　「ベッドで」は on the bed ですね。だったら on the bed a sleeping baby ですか、それとも a sleeping baby on the bed ですか？

　う〜ん、残念。解答をよく見て。

さっきは＜〜ing＋名詞＞で名詞の前に現在分詞〜ingがあったのに、今度はa baby sleeping on the bedと**名詞babyの後に現在分詞〜ingがきてるぞ。なんで？**

そう、それだ‼

名詞＋〜ing … 「…〜している⑧」

□1のa sleeping babyのように現在分詞1語で名詞を修飾する時には名詞の前に現在分詞を置くが、

　□2　a baby [sleeping on the bed]
　　　　名詞　　〜ing　　　　…

　　　「ベッドで寝ている赤ちゃん」
　　　　　…　　〜ing　　名詞

のようにon the bedというオマケがついて**2語以上で名詞（ここではbaby）を修飾する時には、現在分詞（ここではsleeping）は名詞の後に置かれる**んだ。今回のオマケはon the bedという副詞句だったが、名詞や形容詞など、くっつく語句はさまざまだ。

では、「かご（cage）の中で歌っている鳥」は？

もちろん＜名詞＋〜ing …＞で「…〜している名詞」、…部分には「かごの中で」を当てはめて、

　　a bird [singing in the cage]ですね。
　　名詞　　〜ing　　　　…

その通り。では次にいこう。過去分詞‼

2. 過去分詞

問 次の日本語を英文にせよ。

☐ 1　書かれた手紙
☐ 2　英語で書かれた手紙

解答
☐ 1　a written letter
☐ 2　a letter written in English

過去分詞は、受動的な意味「～される」「～された」を表す。次のように使おう。

> 過去分詞＋名詞「～される⑧、～された⑧」

とすると、☐ 1「書かれた手紙」はどう表現するかな？

まず「書く」は write で「書かれた」は受動的な意味を表しているから **write を過去分詞にして written**、その後に letter という名詞をもってきて、

☐ 1　a written letter「書かれた手紙」
　　　過去分詞　　名詞

よし、いいぞ。これも現在分詞～ ing と同じで、過去分詞1語で名詞を修飾する時には、過去分詞は名詞の前に置かれる。では ☐ 2「英語で書かれた手紙」はどう表現すればいい？

まかせておいて。今度はうまくやるよ。「英語で」in English というオマケがくっついてるぞ。つまり、過去分詞 written 1語で名詞 letter を修飾するのではなく、**in English を伴って2語以上で修飾するから、written in English は名詞 letter の後に置く**んでしょ？　だから、

□2　a letter [written in English]　「英語で書かれた手紙」
　　　　名詞　　　過去分詞

では、いくつか練習するぞ。

問　次の日本語を英語にせよ。

□1　盗まれたカバン
□2　壊れた花瓶
□3　ゆで卵

ヒント　□1 steal「盗む」
　　　　　□2 vase「花瓶」
　　　　　□3 boil「ゆでる」

え〜っと、□1 いくよ。盗む steal の過去分詞は stolen だから a stolen bag。□2 は……あれ？　「壊れた」ってどうしよう。

break が「壊す」。花瓶は誰か人によって「壊される」のでここでは**「壊された」と考えて過去分詞 broken** を使おう。

あっ、なら、□2 は a broken vase。□3 は「ゆで」ってなんだ？あっ、そうだ。「ゆでられた卵」だ。だから**過去分詞 boiled を使って** a boiled egg。

解答
- 1　a stolen bag
- 2　a broken vase
- 3　a boiled egg

よし、よく理解できてる。現在分詞と同様のルールをよく思い出すんだ。

> 名詞＋過去分詞 … 「…〜される⑧、…〜された⑧」

この形を頭に入れておこう。じゃ、さっきの問題の発展版をやってみようか？

問　次の日本語を英語にせよ。
- 1　電車で盗まれたカバン
- 2　Mary が壊した花瓶

じゃいくよ。□1 は「電車で」が in [on] the train だから stolen とともに bag の後に置くと、

　　□1　a bag [stolen in [on] the train]
　　　　名詞　　過去分詞　　…

□2 は「Mary が壊した」…あれれ？　そうか。「Mary によって壊された花瓶」と考えるんだな。

　　□2　a vase [broken by Mary]
　　　　名詞　　過去分詞　　…

解答
- □ 1 a bag stolen in [on] the train
- □ 2 a vase broken by Mary

よ〜し、いいぞ。では、ここまで本当に理解できているか問題にチャレンジしてもらおう。

問 次の英文の [　] 内の動詞を現在分詞か過去分詞にせよ。また、完成した英文を日本語に訳せ。

- □ 1 Do you know that man [read] the newspaper over there?
- □ 2 The child [bark] at by a dog is my son.
- □ 3 Who is the woman [sit] on the bench?
- □ 4 The garden [cover] with snow was very beautiful.

解答
- □ 1 reading
  向こうで新聞を読んでいるあの男性を知っていますか。
- □ 2 barked　犬に吠えられた子供は私の息子です。
- □ 3 sitting　ベンチに座っている女性は誰ですか。
- □ 4 covered　雪で覆われた庭はとても美しかった。

まず □ 1 の前半を訳すと「あなたはあの男性を知っていますか」後半は [read] the newspaper over there「向こうで新聞を読んでいる」か。先生、ここからどうやって考えればいいんですか？

that man と read の関係を考えよう。「あの男性が（新聞を）読んでいる」んだ。「男性が読まれている」わけではない。つまり**「男性」と「読む」は能動関係**。したがって現在分詞 reading が正解。また、＜名詞＋〜ing …＞「…〜している 名」に当てはめて

9 分詞(1)

□ 1　that man [reading the newspaper over there]
　　　　　名詞　　～ing
　　　　　　能動関係　　　　　　　「向こうで新聞を読んでいるあの男性」

□ 2 は俺が解説してやるよ。bark は「吠える」だから「The child が吠える」のではなく、「The child が犬に吠えられる」のだから**受動関係**だね。だから bark の過去分詞 barked が正解だね。さらに＜名詞＋過去分詞…＞「…～される 名、…～された 名」に当てはめて、

□ 2　The child [barked at by a dog]　「犬に吠えられた子供」
　　　　名詞　　　過去分詞　　…
　　　　　受動関係

その通り。□ 3 は **the woman** が「座っている」わけだから**能動関係で、sitting**。

□ 3　the woman [sitting on the bench]
　　　　名詞　　～ing　　…
　　　　「ベンチに座っている女性」

そこに Who is ～?「～は誰ですか」を加えるんだね。

□ 4 の cover は「覆う」だよ。the garden は with snow「雪で」「覆う」のかそれとも「覆われる」のかどっち？

もちろん**「覆われる」で受動関係だから過去分詞 covered**。

□ 4　the garden [covered with snow]
　　　　名詞　　　過去分詞　　…
　　　　「雪で覆われた庭」

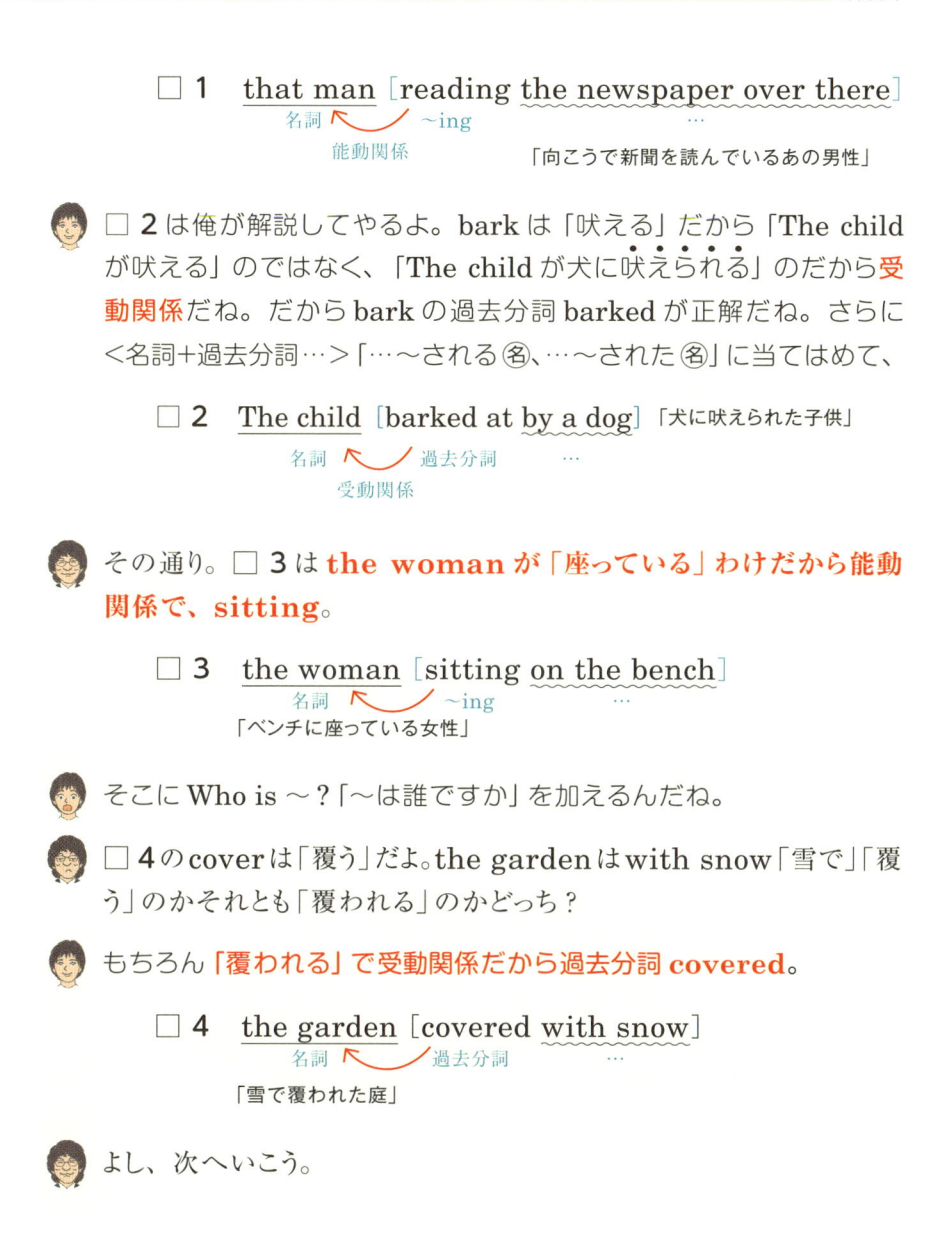

よし、次へいこう。

❸ 分詞の叙述用法

1. SVC（分詞）型

🧑 先生、分詞は文法用語が難しいですね。

👨‍🏫 確かに。「**叙述用法**」なんて特に。でも安心しろ。ややこしいのは言葉だけだから。要するに**第2文型SVCと第5文型SVOCのCの位置に分詞がくる**だけだよ。

🧑 それが、どうも難しそうなんだけど。

👨‍🏫 案ずるより産むが易し。まず問題を解こう。

> **問** 次の英文の空所に入れるのに最もふさわしいものを①〜②から選べ。また、完成した英文を日本語に訳せ。
>
> ☐ 1 She sat (　　　) the book.
> 　　① reading　② read
> ☐ 2 My grandfather sat (　　　) by the children.
> 　　① surrounding　② surrounded
>
> **!ヒント** ☐ 2 surround「〜を囲む」

> **解答** ☐ 1 ① reading　彼女は本を読みながら座っていた。
> ☐ 2 ② surrounded
> 　　　私のおじいちゃんは子供たちに囲まれて座っていた。

🧑 おっ、2択だな。勘でも50％は当たるぞ。現在分詞か過去分詞かを当てればいいのか。

👨‍🏫 勘なら50％だが次の方法なら100％だ。

9 分詞(1)

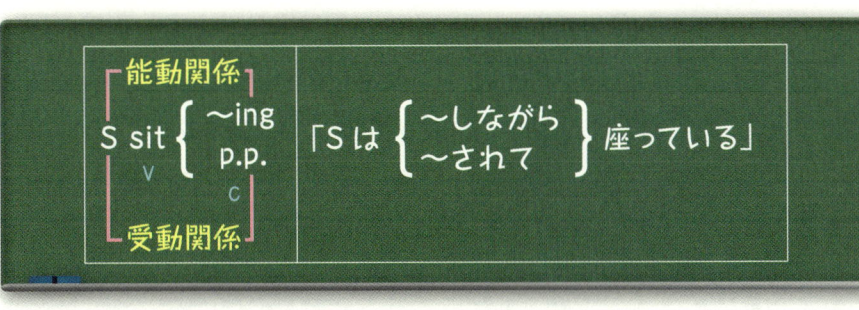

```
      ┌ 能動関係
      │        ┌ ～ing ┐        ┌ ～しながら ┐
   S sit       │       │ 「Sは  │            │ 座っている」
      V        └ p.p.  ┘        └ ～されて   ┘
               C
      └ 受動関係
```

まずC（補語）の位置に現在分詞～ingと過去分詞★p.p.がきている。これから過去分詞をp.p.と表すこともあるから注意しろ。そして**S（主語）と現在分詞～ingは能動関係、S（主語）と過去分詞p.p.は受動関係**。

能動関係と受動関係って言葉がイマイチわからないなあ。

S（主語）が「～している」なら能動関係で現在分詞を選び、S（主語）が「～されている」なら受動関係で過去分詞を選ぶ。□1のS（主語）はSheで、彼女が本を読んでいるのなら①の現在分詞readingを選び、彼女が読まれているのなら②の過去分詞readを選ぶんだ。迷うまでもないだろ？　彼女が本を読んでいるのだから、①readingが正解。

ちょっと待ってよ。そんなややこしい説明はいいよ。さっきの黒板の表の日本語を当てはめればすぐわかりますよ。② readを選ぶと日本語が変でしょ。

そうだな。それでいい。

だったら、□2では① surroundingを表の日本語に当てはめて考えると、「私のおじいちゃんは子供たちに囲みながら座っていた。」という訳になって変だから、解答は② surroundedに決まってるじゃないですか。

簡単だな。念のためにS（主語）のMy grandfatherとsurround「囲む」の関係を見よう。ここで、「**おじいちゃんは子供たちに囲ま**

★ p.p. = past participle

れている」から受動関係だ。したがって、**過去分詞**を選ぶ。仮に「おじいちゃんが囲んでいる」なら能動関係で現在分詞を選ぼう。

それより、このパターンに属している動詞を一覧表にして覚えておいた方が早くないですか？

よし、わかった。この表を使って後の問題もやっとけよ。

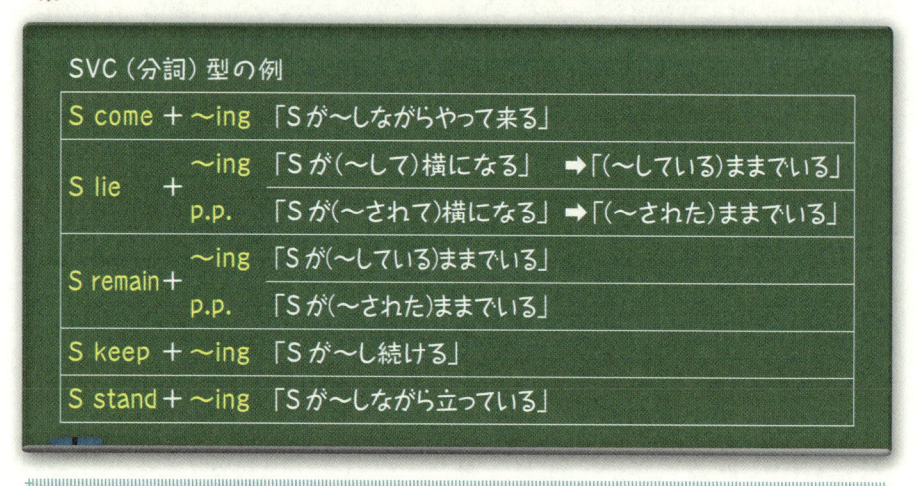

SVC（分詞）型の例

S come + ~ing		「Sが〜しながらやって来る」
S lie +	~ing	「Sが（〜して）横になる」➡「（〜している）ままでいる」
	p.p.	「Sが（〜されて）横になる」➡「（〜された）ままでいる」
S remain +	~ing	「Sが（〜している）ままでいる」
	p.p.	「Sが（〜された）ままでいる」
S keep + ~ing		「Sが〜し続ける」
S stand + ~ing		「Sが〜しながら立っている」

問 次の英文を日本語に訳せ。

☐ 1 She came running toward me.
☐ 2 My daughter kept crying all day long.
☐ 3 The fact remained concealed for a long time.

!ヒント ☐ 3 conceal「隠す」

解答
☐ 1 彼女は私の方に走って（やって）来た。
☐ 2 私の娘は1日中泣き続けた。
☐ 3 その事実は長い間、隠されたままだった。

表以外がテストに出たら、**S（主語）とC（補語）の関係から現在分詞か過去分詞かを判断**しよう。

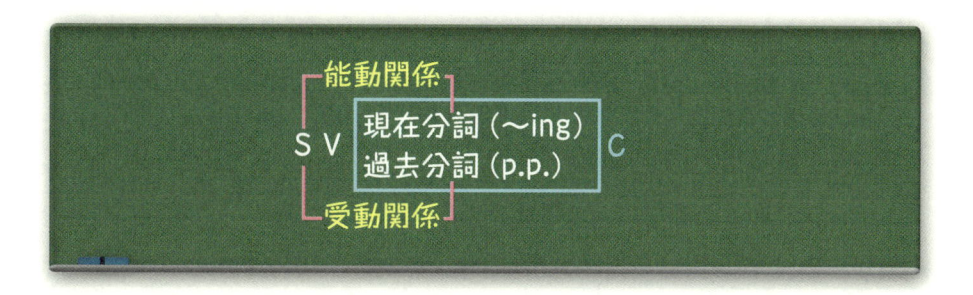

```
          ┌─能動関係─┐
          │ 現在分詞（～ing） │
      S V │ 過去分詞（p.p.） │ C
          │                  │
          └─受動関係─┘
```

2. SVOC（分詞）型

叙述用法のもう1つのパターンに挑戦だ。次の問題を解いてみよう。

問 次の英文の［　］内の動詞を現在分詞か過去分詞にせよ。また、完成した英文を日本語に訳せ。

☐ 1　I found my teacher ［cross］ the street.
☐ 2　She found the book ［hide］ in the desk.
☐ 3　Don't keep her ［wait］ so long.
☐ 4　Who left the door ［lock］ ?

ヒントはないんですか？

よし、次の表だ。

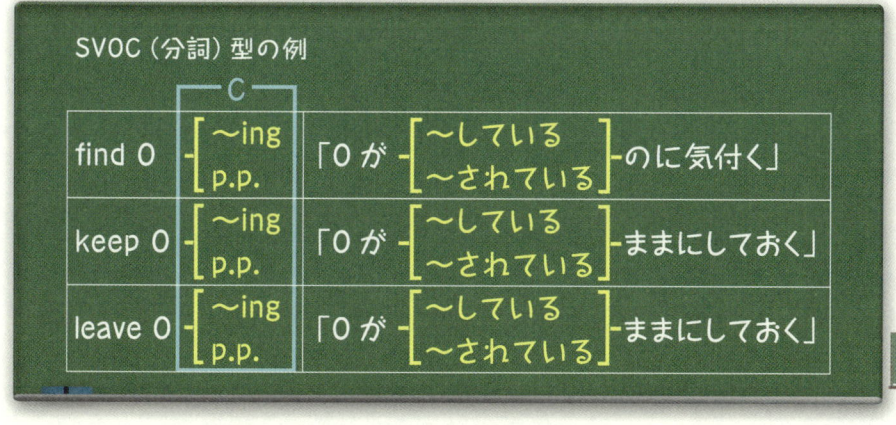

SVOC（分詞）型の例

	C	
find O	～ing / p.p.	「Oが〔～している／～されている〕のに気付く」
keep O	～ing / p.p.	「Oが〔～している／～されている〕ままにしておく」
leave O	～ing / p.p.	「Oが〔～している／～されている〕ままにしておく」

それぞれの動詞はSVOCの第5文型で用いられるが、C（補語）の位置に現在分詞か過去分詞をもってくることができる。**O（目的語）と現在分詞は「Oが〜している」という能動関係が、O（目的語）と過去分詞は「Oが〜されている」という受動関係が成り立つ。**

解答

☐ 1　crossing
　　私は先生が通りを横切っているのに気付いた。
☐ 2　hidden
　　彼女はその本が机の中に隠されているのに気付いた。
☐ 3　waiting　彼女をそんなに長い間、待たせてはいけない。
☐ 4　locked
　　誰がドアの鍵をかけっぱなしにしておいたのですか。

へ〜、すると ☐ 1 では O（目的語）「私の先生」が「通りを横切っている」のだから、能動関係ですね？ 「私の先生が（誰かに）横切られている」わけないですからね。☐ 2 は O（目的語）が the book、hide「隠す」は当然 the book が隠しているという能動関係ではなく、the book は（誰かに）隠されているんだから受動関係、したがって過去分詞が正しいんですね。

☐ 3 はどうだ？

☐ 3 は「彼女を長い間、待たせるな」と言っているでしょ？　だったら、彼女は待たされているんだから、当然 waited じゃないんですか？

大間違い。大多数の人がはまるワナにはまったな。実は **O（目的語）の彼女と wait「待つ」の関係は能動関係**。だって「彼女が待っている」わけだから……。

いや、よくわからないです。彼女は待たされているんです。

じゃ、wait を辞書で引いてみろ。「待たせる」という意味はないぞ。**wait は「待つ」**だ。元々「待たせる」の意味がないのに「待たされる」は変だ。

え〜、そうなんですか。ならどうすれば……？

逆にラッキーだ。この問題はよく出るから、次の形をしっかり覚えておいて、次は迷わず正解しよう。

> keep O waiting「O が待っているままにしておく」
> ➡「O を待たせておく」

□ 4 の the door と lock「鍵をかける」の関係は……。そうだ、「ドアが鍵をかける」ことはあり得ない。「ドアは（誰かに）鍵をかけられる」んだから受動関係。

3. 知覚動詞

あれ？　知覚動詞はどこかで聞いたような。そうだ、第7講 P.156 の原形不定詞のところだ。

そう、ここでは原形不定詞の復習も含めて、まず次の表をチェックしよう。

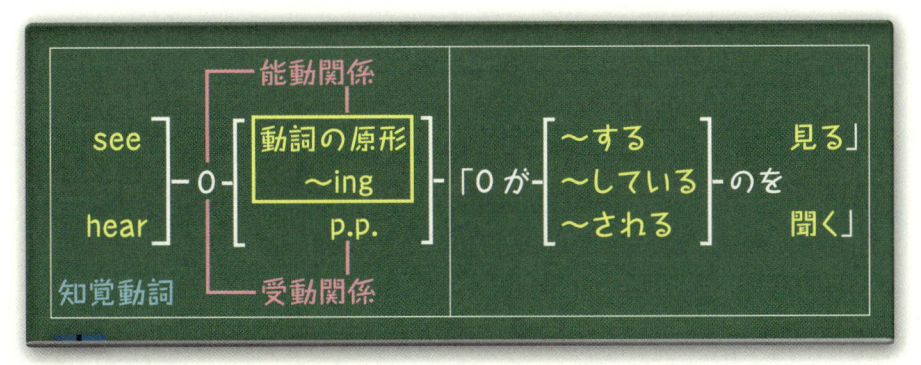

```
                 ┌─ 能動関係
           ┌─ 動詞の原形 ┐      ┌─ ～する      見る」
see  ┐          │  ～ing  │「Oが─│ ～している─のを
hear ┘─O─│         │      │ ～される      聞く」
           └─  p.p.  ┘
知覚動詞   └─ 受動関係
```

see、hear、feel など「見る」「聞く」「感じる」といった、**人間の感覚に関係のある動詞**、つまり**知覚動詞**の後に O（目的語）がきて、その後に原形不定詞がくる形はすでに学んだぞ。

そうでした。でも、今回は現在分詞〜ingと過去分詞p.p.がきてるんですね。ただ、そんなに難しくないですよね。だって表を見ると、現在分詞なら「Oが〜しているのを見る[聞く]」、過去分詞なら「Oが〜されるのを見る[聞く]」なんて想定の範囲内ですよ。

そうだな。あえて付け加えるとすれば、**O（目的語）と原形不定詞、現在分詞は能動関係、O（目的語）と過去分詞は受動関係**、そんなもんかな。

それも想定の範囲内です。問題をやりましょう。

問 次の英文の空所に入れるのに最もふさわしいものを①〜④の中から、1つ選べ。また、完成した英文を日本語に訳せ。

☐ 1　John heard his name (　　) from behind.
　　① calling　② called　③ call　④ to call
☐ 2　I saw my mother (　　) in the kitchen.
　　① cooking　② cooked　③ to cook　④ to cooking

解答
☐ 1　② called
　　ジョンは自分の名前が背後から呼ばれるのを聞いた。
☐ 2　① cooking
　　私はお母さんが台所で料理しているのを見た。

☐ 1 は **heard が知覚動詞**、his name が O（目的語）、選択肢の動詞が call だから、name と call の関係を考えるんだね。「名前が呼ぶ」のではなく「名前は呼ばれる」ものなので、受動関係。

① calling を選ぶと「名前が呼んでいる」となりダメ。③ call も同じく「名前が呼ぶ」で能動関係となりダメ。④＜hear O to不定詞＞は存在しないからダメなんだ。

☐ 2 は **saw が知覚動詞**、my mother が O（目的語）、選択肢の動詞は cook「料理する」だから、my mother と cook の関係を考えれ

ばいい。もちろん「お母さんが料理している」のだから能動関係。つまり答えは現在分詞。

② cooked はなぜダメかわかるか？

もし② cooked が正解なら大変でしょ？ ＜see O ＋過去分詞＞「Oが～されるのを見る」だから saw my mother cooked で「お母さんが料理されるのを見た」ってあり得ないでしょう。③の to 不定詞、④＜to＋～ing＞は黒板の表からもわかるように世の中に存在しません。

ただし、② cooked を過去形と考えて

□ 2' I saw (that) my mother cooked in the kitchen.
「私の母が台所で料理をするとわかった。」

とすることも可能だが、かなり不自然なので正解とはしないぞ。

4. 使役動詞 have と get

あっ、これも第7講の P.158 でやったぞ。

そうだ。でも前に学んだことに加えて、ものすごく大切なポイントが登場するから、ここでは復習をかねて整理し直すことで、記憶がより確かなものになるだろう。それではまず問題にチャレンジだ。

> 問　次の英文の [　] 内の語を適当な形に変えよ。
>
> □ 1　I had him [wash] my car.
> 「私は彼に車を洗ってもらった。」
>
> □ 2　I had my car [wash] by him.
> 「私は彼に車を洗ってもらった。」

あれ、この2つほとんど同じでしょ？　どう考えたらいいのかなあ。

では、次の表を見てくれ。

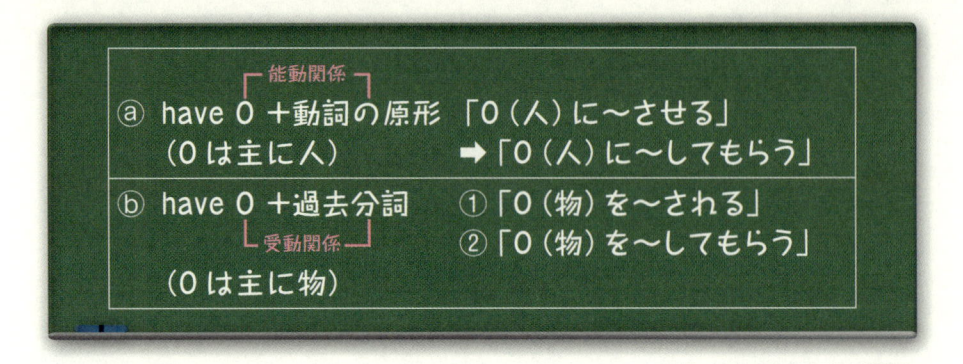

> ┌─能動関係─┐
> ⓐ have O ＋動詞の原形　「O（人）に～させる」
> 　（O は主に人）　　　➡「O（人）に～してもらう」
> ⓑ have O ＋過去分詞　①「O（物）を～される」
> 　└─受動関係─┘　　　②「O（物）を～してもらう」
> 　（O は主に物）

解答
☐ 1　wash
☐ 2　washed

黒板の表のⓐは実はすでに P.158 で出てきている。O には**主に人**がきて「**O（人）に～させる**」という**使役**の意味を表すが、特に「**O（人）に～してもらう**」という**＜依頼＞**の意味で使われる。さっきの問題☐ 1 がこれにあたるぞ。

　　☐ 1　I had him wash my car.
　　　　　　have　O　動詞の原形
　　　　　　　　└─能動関係─┘

まず、O には him つまり人̇がきている。この段階でもうⓐのパターンだと決めつけてもほぼ間違いない。したがって正解は原形。つまりそのまま wash が答えだ。念のために、O の him と wash の関係を確認しておこう。ここでは「**彼（him）が車を洗う（wash）**」**のだから能動関係**。決して「彼が洗われる」という受動関係ではない。

☐ 2 の O には my car と物̇がきてますね。この段階で正解は過去分詞 washed と考えていいですか？

ほぼいいだろう。でも、念のため確認しよう。my car と wash の関係を。

9 分詞(1)

I had <u>my car</u> washed by him.
O　　過去分詞
└─受動関係─┘

- my car が wash「洗う」という能動関係でなく **my car** が（彼によって）「洗われる」という受動関係。だから答えは過去分詞 washed と確定していいんですね。

- そうだ。もちろん、**O が人の時には原形、O が物の時には過去分詞**と判断しても、ほぼ大丈夫だけどな。なお、**動詞 get** についても同じような用法があるのだが、1点注意したい。

ⓐ get O to不定詞　「O に〜させる」➡「O に〜してもらう」

ⓑ get O ＋過去分詞　① 「O を〜される」
　　　　　　　　　　② 「O を〜してもらう」

さっきの表との違いがわかるか？

- あっ、ⓐを比べると＜have O ＋動詞の原形＞、＜get O to不定詞＞のように have は原形で、**get は to不定詞**になっている。

- その通り。さっきの問題を get で書き換えると、

　□ 1'　I **got** him to wash my car.
　□ 2'　I **got** my car washed by him.

- □ 2 は have も get も同じ形なんですね。

- 厳密に言えば違う部分もあるけど、ほぼ同じといっても差しつかえないだろう。

❹分詞を使った慣用表現

待ってました、慣用表現。これ大好き。覚えたら終わりだから。

確かに。でも油断すると危ないぞ。ではまず一覧表にするから、一通り目を通してくれよ。

慣用表現

ⓐ	go 〜ing go fishing go shopping go skiing	「〜しに行く」 「釣りに行く」 「買い物に行く」 「スキーに行く」
ⓑ	spend O (in) 〜ing	「〜してO(時間)を過ごす、〜してO(お金)を使う」
ⓒ	have difficulty [trouble] (in) 〜ing	「〜するのに苦労する」
ⓓ	be busy (in) 〜ing	「〜するのに忙しい」
ⓔ	make oneself understood	「自分の考え[意思]を相手にわからせる」

ちょっと意味不明なものがあるけど……。

よし、次の問題を解いて、理解できているか確認しよう。

問 次の英文の [ ] 内の語を適当な形に変えよ。また、完成した英文を日本語に訳せ。

- ☐ 1 My mother went [shop] at the department store.
- ☐ 2 She spent three hours [play] tennis with him.
- ☐ 3 The student had difficulty [answer] the question.
- ☐ 4 The professor was busy [prepare] the speech.
- ☐ 5 He couldn't make himself [understand] in English.

できたかな？　では解答を示そう。気になるところは質問してくれ。

解答

☐ 1　shopping
　　私の母はデパートへ買い物に行った。

☐ 2　playing
　　彼女は彼とテニスをして3時間過ごした。

☐ 3　answering
　　学生はその質問に答えるのに苦労した。

☐ 4　preparing
　　教授は演説の準備をするのに忙しかった。

☐ 5　understood
　　彼は英語で自分の考えを相手にわかってもらうことができなかった→彼の英語は通じなかった。

先生、表のⓑⓒⓓ(in)〜ingの(in)って何ですか？

実はin 〜ingの形をとることもあるのだが、現在では**inを省略する**のが普通だ。しかもin 〜ingの場合、〜ingは動名詞と考えられる。ただ**in 〜ingとして「〜することにおいて」**と考えた方がわかりやすいかもな。例えば ☐ 3で「学生はその質問に答えることにおいて苦労した」というふうに。

それと☐ 5の make oneself understood がどうして「自分の考えを相手にわからせる」となるんですか？

まず、**make O Cで「OをC（の状態）にする」**は知っているよな。Oに oneself「自分自身」、Cに understood「理解された」を入れて訳してみると、

　　☐ 5　「自分自身を（相手に）理解された状態にする」
　　　→「自分自身が相手に理解された状態になる」
　　　→**「自分の考えを相手にわからせる」**

となるんだ。

だから訳は、「彼は英語で自分の考えを相手にわかってもらうことができなかった。」→「彼の英語は通じなかった。」

- しっかり復習して覚えておきます。ところで先生、分詞はこれで終わりですか？

- いや、まだまだ。次の講で分詞の後半をやってみよう。特に分詞構文はゲーム感覚で楽しくクリアしよう。

- はい、期待してます。

COLUMN

難関大学合格のための **MISSION 4**

悩むのは３分以内。即行動が鉄則！

　難関大学に合格するために、人生において成功するために、最も大切なことは何かと問われれば、ズバリ、『**即行動**』と答える。どうもヤル気がしない。あと５分携帯。あと10分テレビ。あと30分……。そんなことをいっていると、ますますヤル気を失い、気付いたら２・３時間経っていた。それどころか、次の日になっても行動に移せない……。高校生は確かに忙しい。しかし、今日１日の行動を書き上げてみると、意外に無駄が多いことに気付くはず。**「あとでやろう」は、「もうやらない」の同義語。あれこれ悩むな、まず行動せよ！**

　もしもやり方が間違っていたら、走りながら修正すればいいのだ。どうしてもヤル気のない時は、まず10分、本書か、あるいは得意なテキストを読み進めよ。そうこうするうちにリズムに乗り、ヤル気がみなぎるにちがいない。**高３に英語を持ち越した君**、「極めて厳しい現実を知れ」と言ってきた。しかし、君がもし、見事に逆転合格を果たすとすれば、『即行動』を身に付けた時だ。「どうしよう。やろうか、後にしようか。」……この一瞬が、君の人生を決めるとしたら、そう。答えは１つ。

　『**即行動**』─３分以上迷ったら、ゲームオーバー!!

第10講

分詞(2)
❶分詞形容詞
❷分詞構文

❶分詞形容詞

🧑 さて、いよいよ上巻最終講。これでなんとか英文法の基本が完成するわけだが、この講のメインは分詞構文。でもその前に、けっこう出題率も高く、知らないと痛い目にあう**分詞形容詞**から。

🧑 何なの、それ？

🧑 おっ、今度は高3の翔太君か。よし、説明しよう。分詞は、すでに説明したように動詞と形容詞の性質を分かち持っている品詞だが、その中で**完全に形容詞化してしまった**ものがあるんだ。それを**分詞形容詞**と呼ぶぞ。

🧑 えっ、どうやって見抜くの？

🧑 極めて明確。その特徴をお話する前に、まず問題を解いてみよう。

問 次の英文の [ ] 内の語を適当な形に変えよ。

☐ 1　The movie was very [excite] to me.
　　「その映画は私にはとてもわくわくするものだった。」

☐ 2　I was very [excite] to see the movie.
　　「私はその映画を見てとてもわくわくした。」

解答
☐ 1　exciting
☐ 2　excited

🧑 [ ] 内の excite は動詞だから、それを分詞にして形容詞みたいに使うんでしょ？　だから ☐ 1 は当然 exciting ですよね。☐ 2 は「私は…とてもわくわくした」だから、あれっ、これも exciting じゃないんですか？

10 分詞(2)

- 違うんだ。もしかして、今までこの種の問題はなんとなく解いてきただろう？

- そうです。間違っても、それがなんでだかわからなかったんです。

- よし、これからは自信を持って解く方法を教えるぞ。まず、動詞 excite は「わくわくさせる、興奮させる」という意味。このように「〜させる」という意味の動詞を、名付けて「させる動詞」としよう。

- そのまんまですけど。それがどうしたんですか。

- excite のような「させる動詞」は現在分詞にすると、exciting で「わくわくさせるような」となり、「（わくわく）させる側」の名詞につく。

- じゃ、過去分詞 excited は？

- 「させる動詞」を過去分詞にすると、excited で「わくわくさせられるような」となり「（わくわく）させられる側」の名詞につく。では、たずねるぞ。movie は「わくわくさせる側」それとも「わくわくさせられる側」？

- そりゃ、映画は「わくわくさせる側」でしょ。そして、映画を見た人たちが「わくわくさせられる側」ですよね。

- いいぞ、その通り。じゃ、□1 ではどう考える？

- excite を The movie「その映画」を説明する形容詞にすればいいんだから、「映画」は人を「わくわくさせる側」なので、exciting。

- そうだ。では □2。「私は…とてもわくわくした」。わくわくしたのは「私」だから……

- 「私」は映画を見て「わくわくさせられる側」だから excited。

- そう。□2 は、実は exciting ではなく excited だったんだ。

第10講

229

> させる動詞
> 現在分詞〜ing　＝させる側につく（させる側を説明する）
> 過去分詞 p.p.　＝させられる側につく（させられる側を説明する）

う〜ん。わかったような…ちょっと不安。先生、もっと決定的な方法はないんですか？

よ〜し、約95％の正解率でよければ、この方法もある。

> させる動詞
> 現在分詞〜ing　＝物・事につく（物・事を説明する）
> 過去分詞 p.p.　＝人につく（人を説明する）

えっ、そんなに単純!?　さっきの問題なら □1 では The movie を説明しているから、物・事についていると考えて現在分詞 exciting。□2 は I を説明しているから、人についていると考えて過去分詞 excited。

だろ、簡単に解けるよな。

本当に簡単、これならいける。先生、もう1題出して。

問　次の英文の [　] 内の動詞を適当な分詞の形にせよ。

□ 1　I was [surprise] to hear the news.
　　「私はその知らせを聞いて驚いた。」

□ 2　It was [surprise] that she passed the examination.
　　「彼女が試験に合格したことは驚きだった。」

解答
- 1　surprised
- 2　surprising

> まず、surprise は「させる動詞」で、意味は「驚かせる」。

> 先生、簡単な方法でやるよ。まず 1「私は…驚いた」だから **surprise を「私」を説明する分詞形容詞にすればいい**んだね。人につく場合は過去分詞だから、正解は surprised でいいよね。

> そうだ。でも念のために、「私」は「驚か・せる側」か「驚か・される側」か、確認してみよう。

> もちろん、「私」は「その知らせ」を聞いて「驚か・される側」だから過去分詞 surprised。いいでしょ?

> いいぞ。よく理解している。では 2 は?

> surprise を、It を説明する**分詞形容詞**にするんですね。この **It は形式主語の It で、that 以下を指している**。that 以下は「彼女が試験に合格したこと」だから、It は人ではなく「事」。「事」につく [を説明する] のは現在分詞。つまり正解は surprising。

> よし、いいぞ。また念のために、「彼女が試験に合格した」という情報は「驚か・せる側」と「驚か・される側」のどっちか確認しよう。

> そりゃ、そういう情報は「驚か・せる側」だよ。だから現在分詞 surprising。そしてその情報を聞いた人たちが「驚か・される側」だね。

> どうやらしっかり理解できているようだ。じゃ、「させる動詞」からできた**分詞形容詞の一覧表**をつけたから、確認しておこう。

分詞形容詞		
させる動詞	させる側（主に物）につく	させられる側（主に人）につく
excite 「興奮させる」	exciting game 「興奮する試合」	excited audience 「興奮した聴衆」
surprise 「驚かせる」	surprising news 「驚くべき知らせ」	surprised people 「驚いた人々」
amaze 「驚かせる」	amazing story 「驚くべき話」	amazed look 「驚かされた顔つき➡驚いた顔」
astonish 「驚かせる」	astonishing man 「驚くべき人」	astonished man 「驚いた人」
bore 「退屈させる」	boring movie 「退屈な映画」	bored reader 「退屈した読者」
disappoint 「がっかりさせる」	disappointing score 「がっかりするような点数」	disappointed student 「がっかりした学生」
embarrass 「当惑させる」	embarrassing question 「厄介な問題」	embarrassed lady 「当惑した女性」
frighten 「ぞっとさせる」	frightening scene 「ぞっとするような光景」	frightened cat 「おびえた猫」
interest 「興味を持たせる」	interesting book 「面白い本」	interested viewer 「興味を持った視聴者」
please 「喜ばせる」	pleasing sight 「気持ちの良い光景」	pleased smile 「喜ばされたようなほほえみ」 ➡「嬉しそうなほほえみ」
satisfy 「満足させる」	satisfying result 「満足のいく結果」	satisfied teacher 「満足した先生」
shock 「ぎょっとさせる」	shocking accident 「ショックな事故」	shocked person 「ショックを受けた人」
tire 「疲れさせる」	tiring job 「疲れる仕事」	tired worker 「疲れた労働者」

astonish の例のように、人に現在分詞がつくことがある。表の例にあげられた astonishing man は何かすごいことができ、人を

驚かせるような人物なのである。つまり、man は「驚かせる側」なので現在分詞がついている。対して astonished man は、何かに「驚かされた側」なので過去分詞がついているんだ。

❷分詞構文

- さあ、いよいよ分詞構文にいってみようか。

- おら〜、ちょっと待てよ！ もう第10講、『上巻』の最後。オレのことを忘れんなよな。

- あ〜、どっか行っちゃったと思ったら、おまえいたのか？

- そりゃヒデーなあ。こっそりここまで勉強してたんだけどよ〜。オレやっぱ無理かも。どうも覚えられねえんだよな。

- まずは覚えなくてもいいから、**とにかく『下巻』の最後まで読み進めるんだ。**

- でも不安だな。今からやる分詞構文って、手ごわそうだな。ケンカなら負けねえんだけどよ〜。

- 大丈夫。今から分詞構文に書き換えるための5つのルールを表にまとめるから、まず、サッと目を通してくれ。

分詞構文の作り方　5つのルール
　（接続詞のある側［節］において）
① 接続詞　　　　　　→消す
② 主語　　　　　　　→同じ➡消す、異なる➡残す
③ 動詞の時制　　　　→同じ➡〜ing、前➡ having + p.p.
④ 否定文　　　　　　→分詞の前に not
⑤ being　分詞　　　　→ ~~being~~　分詞
　having been　分詞 → ~~having been~~ 分詞

- なんだかよくわかんねえよ。しかも、こんな公式暗記できねえし。

- いや、暗記する必要はない。この5つのルールを使ってわずか10問の問題を解いたら、自然に体が覚えるはずだ。

- ホントかよ。でも、チョー簡単なレベルじゃねえの？

- 違うなあ。**分詞構文を作るってことに関していうなら、難関大学レベルまで到達できる。**

- よっしゃ、おもしれ～。もし嘘だったら、タダじゃおかね～ぞ。いいな。

- 望むところだ。ただし、1つだけ条件をつけさせてくれ。

- なんだよ。基礎ができてないやつには使えない方法とか言うなよな。

- いや、逆だ。もう1度確認するぞ。**これまで英語ができなかったとか、どうも成績が良くなかったとか、過去はすべてリセットしてくれ。**

- もちろんだよ。元々、スーパーヤンキーは「今」に生きてるからさ。

- そうだったな。だからカッとなったら、後先考えず先生殴って退学になってしまうんだったな。

- そう、オレの友達もそうだった……。でも、そんなの関係ねえ。

- あともう1つ。**自分は必ず難関大学に受かってみせる。いや、その運命にある、そう信じること。**

- 言われなくてもそうするよ。元々、スーパーヤンキーは思い込みが激しいんだ。もういいから、早く始めろよ。

- じゃ、とっておきの10題とはこれだ！

10 分詞(2)

問 次の英文を、分詞構文を用いて書き換えよ。

☐ 1 As she gets up late, she is often late for school.
「彼女は遅く起きるので、しばしば学校に遅刻する。」

☐ 2 When I entered the room, I saw a strange sight.
「私がその部屋に入った時、奇妙な光景を見た。」

☐ 3 If you turn to the right, you will find the building on your right.
「もし君が右に曲がれば、右側にその建物が見つかる。」

☐ 4 As he didn't know where the station was, he asked a woman the way.
「彼は駅がどこにあるのか知らなかったので、1人の女性に道をたずねた。」

☐ 5 As she had failed twice, she didn't want to try again.
「彼女は2度失敗していたので、再びやってみたくはなかった。」

☐ 6 If it is seen from the moon, the earth looks like a ball.
「もし地球を月から見るなら、地球はボールのように見える。」

☐ 7 When school was over, I hurried home.
「学校が終わった時、私は家へ急いだ。」

☐ 8 Though it was built a hundred years ago, the house remains perfect.
「その家は100年前に建てられたけれども、完全なままである。」

☐ 9 As there was no taxi, I had to walk.
「タクシーがなかったので、私は歩かなければならなかった。」

☐ 10 My train leaves Tokyo at seven and arrives in Osaka at ten.
「私の電車は7時に東京を出発して10時に大阪に着く。」

解答

- ☐ 1　Getting up late, she is often late for school.
- ☐ 2　Entering the room, I saw a strange sight.
- ☐ 3　Turning to the right, you will find the building on your right.
- ☐ 4　Not knowing where the station was, he asked a woman the way.
- ☐ 5　Having failed twice, she didn't want to try again.
- ☐ 6　Seen from the moon, the earth looks like a ball.
- ☐ 7　School being over, I hurried home.
- ☐ 8　Built a hundred years ago, the house remains perfect.
- ☐ 9　There being no taxi, I had to walk.
- ☐ 10　My train leaves Tokyo at seven, arriving in Osaka at ten.

いきなり答えが出てきてもワケわかんね〜んだよ。単語からさっぱりだからよ〜。

よし、ヒントだ。まず、☐ 5 まで。

☐ 1　be late for ～　　「～に遅れる」
☐ 2　enter O　　「O に入る」
☐ 3　on ～'s right　　「～の右側に」
☐ 4　ask O_1 O_2　　「O_1 に O_2 をたずねる」
☐ 5　S fail　　「S が失敗する」
　　　twice　　「2度、2回」

でもよ〜、そもそも分詞構文って何なんだよ。

なんと**分詞（現在分詞、過去分詞）**が接続詞と動詞の働きをかねて文を簡潔にしようとする、そんな構文だ。

聞かなきゃよかったよ。さっぱりわからん。

大丈夫。問題を解く中で、必ず理解できる。さあ、P.233の5つの

ルールを見てくれ。問題 □1 からいくぞ。

先生、5つのルールの最初にある「接続詞のある側において」って何だよ？

□1では As ～ が「～なので」という理由を表す接続詞だ。だから、接続詞のある As she ～ late, の側（節）を5つのルールにしたがって簡潔にしていくぞ。とにかく接続詞を消せ。

わかったよ。As を消すよ。

ルール①　接続詞→消す
[~~As~~ she gets up late,] she is often late for school.
　①

2つの節の主語（S_1 と S_2）を比べて、同じなら S_1 を消し、異なるなら、そのまま残す。

ルール②　主語→同じ➡消す、異なる➡残す
~~As~~ ~~she~~ gets up late, she is often late for school.
　①　②S_1　　　　　　S_2

S_1 と S_2 が同じなので S_1 を消す

---

she と she で同じだから、S_1 の she を消したぞ。

2つの節の動詞（V_1 と V_2）を比べて時制が同じなら、V_1 を現在分詞にする。V_2 より V_1 の方が時制が前なら、＜having＋過去分詞＞にする。

ルール③　動詞の時制→同じ➡～ing、前➡having＋p.p.
~~As~~ ~~she~~ ~~gets~~ up late, she is often late for school.
　①　②　③V_1　Getting　　　V_2

V_1、V_2 がともに現在で時制は同じ➡V_1 を現在分詞 Getting にする。

> **ルール④　否定文→分詞の前に not をつける**

- 先生、この文は否定文じゃないでしょ。
- そう、だからルール④は使わない。

> **ルール⑤**
> being 分詞→　　~~being~~　　　分詞
> having been 分詞→　~~having been~~　分詞

- このルールはさっぱりだなあ。
- ルール③で動詞を〜ing や having + p.p. に書き換えた時、being の後に分詞がきていたり、having been の後に分詞がきていたら、being、having been を消して、分詞だけを残す。
- 先生、よくわからないけど being も having been もないよ。あるのは Getting だ。
- そうだ。だからルール⑤は適用しない。答えをもう1度言うと、

解答　□1　Getting up late, she is often late for school.

- えっ、もしかして **Getting up late で「彼女は遅く起きるので」**っていう意味になるのかよ。分詞構文、恐ろしや。これを知らなかったら、長文中に分詞構文が出てきても意味わかんね〜よな。
- これでわかったか？　**分詞構文とは、分詞が接続詞と（主語と）動詞をかねて、副詞の働きをする構文**だ。訳をする時には**文脈から適当な接続詞を考えて当てはめなければならない**。
- わかった。接続詞 As 〜「〜なので」がなくても文脈から判断して、接続詞の意味を補って訳さないといけないんだな。次、□2 いってよ。
- では □2 の解説だ。

> ルール①　接続詞→消す(ここでは When〜「〜する時」が接続詞)
> ~~When~~ I entered the room, I saw a strange sight.
> 　①
>
> ルール②　主語→同じ⇒消す、異なる⇒残す
> ~~When~~ ~~I~~ entered the room, I saw a strange sight.
> 　①　②S₁　　　　　　　　　　S₂
> 　└─同じなのでS₁を消す─┘
>
> ルール③　動詞の時制→同じ⇒〜ing、前⇒ having + p.p.
> ~~When~~ ~~I~~ ~~entered~~ the room, I saw a strange sight.
> 　①　②③V₁→ Entering　　　　V₂
> 　③ V₁、V₂がともに過去で時制は同じ⇒ Entering

否定文ではないのでルール④は適用せず。

今回は Entering だから、being も having been も関係なし。だからルール⑤も使わね〜んだな。

よし、いいぞ。この文も、もし長文中に出てきたとしたら、接続詞がなくても**文脈から接続詞 when を補って訳せるようにしよう。**

解答　□ 2　Entering the room, I saw a strange sight.

続いて □ 3 だ。

> **ルール①　接続詞→消す(ここではIf〜「もし〜ならば」が接続詞)**
> ~~If~~ you turn to the right, you will find the building …
> 　①
>
> **ルール②　主語→同じ⇒消す、異なる⇒残す**
> ~~If~~ ~~you~~ turn to the right, you will find the building …
> 　①　②S₁　　　　　　　　　　　S₂
> 　　└─同じなのでS₁を消す─┘
>
> **ルール③　動詞の時制→同じ⇒〜ing、前⇒having + p.p.**
> ~~If~~ ~~you~~ ~~turn~~ to the right, you will find the building …
> 　①　②　③V₁→Turning　　　　　V₂
> 　　　　└③ V₁とV₂がともに未来⇒ Turning ─┘

あれ、V₁がturnで現在、V₂がwill turnで未来だろ？　V₂よりV₁が前だな。

いや、同じだ。もしかしてP.056の「**条件を表す副詞節は未来を現在形にする**」を忘れたか？　つまりV₁は本来will turnだった。ところが条件を表す接続詞Ifがあるので、未来を現在形で表すからturnとなっているだけだ。だから結局V₁、V₂の表す「時」は未来のことなんだ。

やったような気がするけど、忘れたなあ。

まあ、仮に忘れても大丈夫。「もし、右に曲がれば…」っていうことは、まだ曲がっていない。これから曲がるんだ。だから当然未来のこと。そう考えてもいい。

ホントだ。それなら、V₁もV₂も未来だって納得だ。

そして否定文ではないのでルール④は使わない。さらにここではTurningで、being、having beenも関係ないのでルール⑤も使わない。

解答　☐ 3　Turning to the right, you will find the building on your right.

🧑 なんか、ルール通りやれば普通にできちまうけどさ、ルール④とかルール⑤って使わね〜の？

👨 さっそく使おう。□4へいくぞ。

ルール①　接続詞→消す　（ここでは As 〜「〜なので」が接続詞）
~~As~~ he didn't know where the station was, he asked …
　①

ルール②　主語→同じ⇒消す、異なる⇒残す
~~As he~~ didn't know where the station was, he asked …
　①　②　S_1　　　　　　　　　　　　　　　　　　S_2
　　　　└──── 同じなので S_1 を消す ────┘

ルール③　動詞の時制→同じ⇒〜ing、前⇒ having + p.p.
~~As~~ ~~he~~ <u>didn't know</u> where the station was, he asked …
　①　②　③ V_1 → Knowing　　　　　　　　　　　V_2
　　　　　└── ③ V_1、V_2 ともに過去で時制は同じ ⇒ Knowing ──┘

🧑 ちょっと待てよ。やっときたぞ。didn't know で否定文だ。ルール④が使えるよなあ。

👨 そうだ。否定文の場合は分詞の前に not を置くんだ。

ルール④　否定文→分詞の前に not をつける
~~As~~ ~~he~~ ~~didn't know~~ where the station was, he asked …
　①　②　　④　　③
　⇓
<u>Not</u> knowing where the station was, he asked …

解答　□4　Not knowing where the station was, he asked a woman the way.

🧑 またしても、being、having been ではなく、knowing だからルール⑤は使わない。いつルール⑤は出てくんだよ。

👨 あわてなくていいぞ。次は □5 へいこう。

> **ルール①　接続詞→消す（ここでは As ～「～なので」が接続詞）**
> ~~As~~ she had failed twice, she didn't want to try again.
> 　①
>
> **ルール②　主語→同じ⇒消す、異なる⇒残す**
> ~~As~~ ~~she~~ had failed twice, she didn't want to try again.
> 　①　②S₁　　　　　　　　　　　S₂
> 　　　└ 同じなので S₁ を消す ┘

さあ、ルール③は要注意だ。時制が V_1 と V_2 で異なるぞ。

> **ルール③　動詞の時制→同じ⇒～ing、前⇒ having + p.p.**
> ~~As~~ ~~she~~ ~~had failed~~ twice, she <u>didn't want</u> to try again.
> 　①　②　③ V_1 → Having failed　　　　V_2
>
> V_1 が had failed で過去完了、V_2 が didn't want で過去
> 　└ V_1 は V_2 より前⇒ V_1 を having + p.p. にする
> 　　　= Having failed となる

　had failed が Having failed になるのか。あれっ、問題文の後半が she didn't want で否定文だけど……。

　これは、ルール④に当てはまらない。実は As ～ twice, の節を**従節**と言う。そして she ～ again までを**主節**というんだけど、5つのルールを当てはめて文を簡潔にしていくのは、従節。つまり、接続詞から , (カンマ) までの節なんだ。

　あっ、そうか。ならルール④は使わないんですね。

　あれっ、ずいぶん丁寧だな。ヤンキーやめたのか？

　あっ、まずい。思わず素直になってた。ヤベー。ところで Having failed …, になったってことはよ～、ルール⑤をいよいよ使うのか？

　いや、ルール⑤をよ～く見てみろ。**having been の後に分詞がきていたら、having been は消して分詞を残す**んだ。

10 分詞(2)

- あっ、確かにここでは having been ではなく、Having failed。だからルール⑤は当てはまらない。

解答 □ 5 Having failed twice, she didn't want to try again.

- この文のような、**従節 Having failed twice, の表す「時」が主節 she 〜 again の表す「時」より前の場合、このように完了形の分詞構文となる。**

- じゃ、長文中にこんな完了形の分詞構文が出てきたら、主節より従節の方が表す「時」が前だと考えればいいんだな。

- やるなあ、その通り。そんなことが言えるスーパーヤンキーはめったにいないぞ。

- そうだろ。オレってやればできるんだよな。先生、オレ、もう早稲田大学に合格したも同然だよな。

- いや、**難関大学はそう甘くない**。むしろ遠のいたかもな。

- なんだ、テメー。話が違うじゃねえかよ。今までの学力に関係なく、必ず合格できると言っただろ〜が。

- その通り。ただし、今の段階で「合格したも同然」って、冗談にもほどがあるぞ。いいか、**英語は途中で投げ出したらそこまでの努力は水の泡だ。最後まできっちりケリをつけるんだ。**

- "ケリをつける" だと、上等じゃね〜か。何でもハンパなオレだがやってやるよ。どうすりゃ "ケリがつく" んだ。

- まだ、この段階では、折り返し地点に近づいたにすぎない。いいか。俺との第一の**約束**を覚えているか。

- 何だっけ？ ただ、約束したことだけは絶対守るのがオレだ。

- よし、よく言った。**無理して暗記しようとしなくていい。とにかく、英文法の全体像をつかむんだ。『下巻』の最終講までしっかりと、ただし一気に読み通せ。グズグズするな。**

😲 えっ、そんなんでいいのかよ。

🧑‍🏫 そうだ。ここまでよりもさらに重要な、**関係詞**、**仮定法**などがこの先、おまえを待ち受けている。折り返し地点あたりになるとどうもヤル気を失い、挫折するやつも少なくない。ここからが合否を分ける分岐点だ。

😐 でも、先生。一気に読み通して全体像をつかむ……それだけで難関大学に受かるのか？

🧑‍🏫 その時また、次のミッションをクリアすればいい。それができれば難関大学合格はもうすぐそこだ。ついてこれるか？

😤 当たり前だろ〜が。オレは必ず早稲田大学に受かると決めたんだから。

🧑‍🏫 じゃ、いくぞ。□6だ。その前に□6〜□10のヒントだ。

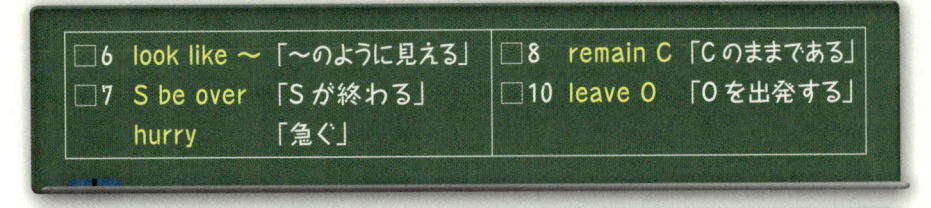

□6　look like ～　「～のように見える」
□7　S be over　「Sが終わる」
　　 hurry　　　「急ぐ」
□8　remain C　「Cのままである」
□10　leave O　「Oを出発する」

ルール①　接続詞→消す（ここでは If ～「もし～ならば」が接続詞）
If it is seen from the moon, the earth looks like a ball.
　①

ルール②　主語→同じ⇒消す、異なる⇒残す
If it is seen from the moon, <u>the earth</u> looks like a ball.
　① ② S₁　　　　　　　　　　　　　S₂
　　　└── 同じなので S₁ を消す ──┘

🤔 あれっ、it（S₁）と the earth（S₂）は同じなのか？

🧑‍🏫 そう、月から見ているのも地球。ボールのように見えるのも地球。S₁、S₂ ともに地球 the earth だ。

🧑 でもよ〜、先に出てきた方が代名詞で後に出てきた方が名詞 the earth ってなんでだよ。

🧑 If 〜, はさっき言ったように従節、the earth 〜 a ball が主節だ。先に出てきても従節では代名詞、後に出てきても主節では名詞、これはよくあることだ。

🧑 要するに、it (S_1) と the earth (S_2) が同じだとわかればいいんだな。

ルール③　動詞の時制→同じ⇒〜ing、前⇒ having + p.p.

~~If it is~~ seen from the moon, the earth looks like a ball.
① ② ③V_1→being　　　　　　　　　　　　　　　　V_2

V_1 と V_2 ともに現在で時制は同じ⇒ is を Being にする

🧑 is の現在分詞〜ing が being とは、知らなかった。ising かと思ったよ。おや、待てよ。being の後に過去分詞 seen がきてるぞ。

ルール⑤　being 分詞→ ~~being~~ 分詞

~~If it is~~ Seen from the moon, the earth looks like a ball.
① ② ⑤~~Being~~

being ＋（過去）分詞→ being を消して分詞を残す

🧑 being の後に過去分詞 seen がきているから、being を消して過去分詞 seen を残そう。この時 seen の s を大文字にして、Seen。

解答　□6　Seen from the moon, the earth looks like a ball.

🧑 へ〜、過去分詞で始まる文があるんだなあ。分詞構文を学んでて良かったよ。

🧑 ここではもちろんルール④否定文は使わなくていいよな。次、□7 やるぞ。

> **ルール①　接続詞→消す（ここでは When ～「～する時」が接続詞）**
> ~~When~~ school was over, I hurried home.
> 　①
>
> **ルール②　主語→同じ⇒消す、異なる⇒残す**
> ~~When~~ School was over, I hurried home.
> 　①　　②S₁　　　　　　　S₂
> 　　　　異なるのでS₁を残す

おっ、S₁が school。S₂が I。これはどう見ても異なっている。だから、school（S₁）を残すんだな。そして、文頭だから s を大文字にして School だ。

> **ルール③　動詞の時制→同じ⇒～ing、前⇒ having + p.p.**
> ~~When~~ School was over, I hurried home.
> 　①　　②　　③V₁→being　　V₂
> 　　V₁と V₂がともに過去で時制は同じ⇒ V₁を being

was（V₁）も hurried（V₂）もともに過去で時制は同じ。だから was を現在分詞にして being。wasing じゃないぞ。

ルール④　→使わない。

あっ、being があるぞ。その後はあれ、over…? これは分詞じゃないよな。

over は副詞「終わって」。ただ、副詞だとわからなくても、少なくとも現在分詞や過去分詞でないことは明らか。だから being は消す必要はない。つまり、ルール⑤は使わないんだ。

> ~~When~~ School being over, I hurried home.
> 　①　　②　　③　　⑤副詞…being は残す

解答 □7 School being over, I hurried home.

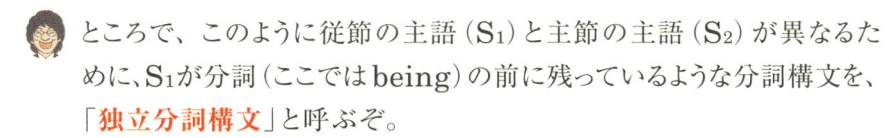

👨 ところで、このように従節の主語（S_1）と主節の主語（S_2）が異なるために、S_1が分詞（ここではbeing）の前に残っているような分詞構文を、「**独立分詞構文**」と呼ぶぞ。

👦 なんか、おおげさな名前だよな。要するに、ルール②で主語が異なるから残っているやつだろ。たいしたことないのになあ。

👨 だいたい文法用語ってそんなもんだよ。では、□8 やるぞ。これが最大の山場だ。

ルール①　接続詞→消す
　（ここでは Though ～「～だけれども」が接続詞）
~~Though~~ it was built a …, the house remains perfect.
　①

ルール②　主語→同じ⇒消す、異なる⇒残す
~~Though it~~ was built a …, <u>the house</u> remains perfect.
　①　S_1　　　　　　　　　　　S_2
　└ 同じなのでS_1を消す ┘

👨 100年前に建てられたその家が、今でも完全なままなのだから it（S_1）= the house（S_2）で it（S_1）は消すぞ。

ルール③　動詞の時制→同じ⇒～ing、前⇒having + p.p.
~~Though it~~ was built a …, the house remains perfect.
　①　②　③ V_1 → having been　　　　　V_2
V_1は過去、V_2は現在⇒V_1はV_2より前⇒V_1を Having been にする

👦 あ～、was（V_1）は過去だよな。remains（V_2）は現在。とするとV_1の方がV_2より前。だから was（V_1）を having + 過去分詞にするわけだから…was は be 動詞だから…わかったぞ、having been だ。

👨 その通り。そしてルール④否定文は使わない。次にルール⑥に注目だ。

ルール⑤　being 分詞　⇒ ~~being~~ 分詞
　　　　　having been 分詞　⇒ ~~having been~~ 分詞

🧑 あっ、ルール⑤の下の方の公式、having been の後に分詞がきていたら having been は消して分詞を残す。だから、

> ~~Though it having been~~ Built a…, the house remains perfect.
> 　①　　②　　③　　　⑤

having been の後に過去分詞 built → having been を消して Built ...

🧑 having been が消えると、built が文頭にきて Built となるぞ。

解答　□ 8　Built a hundred years ago, the house remains perfect.

🧑 うお〜、かなり難しいけどなんとかなりそうだ。よく復習しておこう。

🧑 いつの間にか、おまえ優等生みたいだなあ。

🧑 うるせ〜、黙ってろ。次いけよ。□ 9 だろ。

> ルール①　接続詞→消す　（ここでは As 〜「〜なので」が接続詞）
> ~~As~~ there was no taxi, I had to walk.
> 　①
>
> ルール②　主語→同じ⇒消す、異なる⇒残す
> ~~As~~ There was no taxi, I had to walk.
> 　①　②残す　　　　　　S₁　S₂
> 　　　　　　　　　　　異なるので残す

🧑 待てよ。There って主語じゃね〜ぞ。

🧑 おっ、よく知ってるなあ。

🧑 第1講の P.031 しっかりやったからな。There is 〜構文の主語は taxi の方だろ。

そうだ。でも、There is 〜構文の場合は、ただそのまま There を残せばいい。あるいは taxi と I が異なると考えてもいい。

ルール③　動詞の時制→同じ⇒〜ing 、前⇒ having + p.p.

~~As~~ There ~~was~~ no taxi, I had to walk.
　①　　②　　③ V₁→ being　　V₂

V₁、V₂ともに過去で時制は同じ⇒ was を being にする

---

was も had to walk も過去で時制は同じ。したがって was を現在分詞 being にする。

解答　□ 9　There being no taxi, I had to walk.

でも being の後は no taxi で分詞がきてないから、ルール⑤は使わない。

その通りだ。

ルール⑤の例外
being 形容詞［名詞］、having been 形容詞［名詞］でも being、having been が省略される場合がある。

例文

□ 1　As she was unable to answer the question, she asked her mother for help.
「彼女はその問題に答えることができなかったので、お母さんに助けを求めた。」

＝（Being）Unable to answer the question, she asked her mother for help.

🧑‍🏫 さあ、ラスト□10へいくぞ。

🧑 いよいよきたな。あれ、接続詞はどこへいったんだ？

🧑‍🏫 andだ。ルールに従って接続詞and以下を、分詞構文にしてみよう。

> **ルール①　接続詞→消す（ここではand〜「そして〜」が接続詞）**
> My train leaves Tokyo at seven ~~and~~ arrives in …
>   　　　　　　　　　　　　　　　　①
>
> **ルール②　主語→同じ⇒消す、異なる⇒残す**
> My train leaves Tokyo at seven ~~and~~ (it) arrives …
> S₁　　　　　　　　　　　　　　　　　①　②S₂
> └──── 同じなのであらかじめS₂を省略 ────┘

🧑 andを消して、その後にarrives。動詞がきてるぞ。主語がねえぞ。

🧑‍🏫 実はmy train（あるいはit）という主語（S₂）があったんだが、文頭の主語（S₁）と同じだからあらかじめ消してあるんだ。

> **ルール③　動詞の時制→同じ⇒〜ing、前⇒ having + p.p.**
> My train leaves Tokyo at seven ~~and arrives~~ in …
> 　　　　　V₁　　　　　　　　　　　①　　③V₂→arriving
> └── V₁とV₂がともに現在で時制は同じ⇒ arriving ──┘

🧑‍🏫 ルール④と⑤は使わない。arrivingの前に,（カンマ）をつけることが多いぞ。

解答　□10　My train leaves Tokyo at seven, arriving in Osaka at ten.

🧑 あ〜、やっと終わったなあ。これで分詞構文は完璧なのかよ？

分詞構文を作るってことに関していえば、ほぼ完璧だ。いろいろな問題で「**5つのルール**」を試してみてくれ。ではここで、分詞構文の表す意味をまとめておくぞ。

> **分詞構文の表す意味**
> ①時　　　　　「～する時」　　　→問 □2、□7
> ②理由、原因　「～するので」　　→問 □1、□4、□5、□9
> ③条件　　　　「もし～するなら」→問 □3、□6
> ④譲歩　　　　「～だけれども」　→問 □8
> ⑤動作の連続　「…そして～する」→問 □10
> ⑥付帯状況　　「～しながら…」

もし長文中に分詞構文が出てきたら、その文脈からどの意味を表しているのか判断してくれ。

なるほど、さっきの10題でカバーできるように工夫してあるんだな。あれ、**⑥付帯状況**って何だ？

ある動作が同時に行われているような場合だ。例えば、

問　次の英文を日本語に訳せ。

□1　My daughter waved her hand, smiling happily.

wave her hand「手を振る」ことと、smile happily「嬉しそうにほほえむ」ことが同時に行われていたんだな。そして smiling で分詞構文。「ほほえみながら」と訳せばいいのか。

解答　□1　私の娘は、嬉しそうにほほえみながら手を振った。

でも、もう少し試練を与えるぞ。

- なんだよ、もうこうなったら、何でも受けて立つよ。
- 実際の入試問題では、「分詞構文を用いて書き換えよ」のパターンは、それほど多くない。
- えっ！じゃあ、どんなパターンなんだよ？
- よっしゃ。では、問題を解いてみよう。

問 次の空所に入れるのに、最も適切なものを選べ。

- 1 （　）in easy English, this book is suitable for beginners.
  ① Writing　② Written　③ Wrote　④ Write

- 2 （　）along the street, I saw my teacher.
  ① Walk　② Walked　③ Walking　④ To walking

解答

- 1　② Written「簡単な英語で書かれているので、この本は初心者に適している。」
- 2　③ Walking「通りを歩いている時、先生に会った。」

- 選択肢などから、分詞構文の問題だと気付くだろう。まず、1 からいくぞ。前半の節（従節）に主語がないということは、後半の節（主節）と、主語が同じであったと考えられる。つまり、this book。
次に、この this book と選択肢の動詞 write が、受動関係にあるのか、それとも能動関係にあるのか考えてくれ。

- そりゃ、「この本が書く」のではなく、「この本は（誰かによって）書かれている」んだから、受動関係だよな。

- その通りだ。このように、同じだから消えていた主語（this book）

と選択肢の動詞（write）が、受動関係にある時は、答えは過去分詞を選ぶ。つまり、答えは、② Written だ。

受動関係
□1 (As) (this book) (is) Written in easy English, ←接続詞のある元の節
　　↕主語は同じなので消えている
this book is suitable for beginners.

🧑 もし能動関係なら、現在分詞の①を選ぶんだよな。今回は受動関係だから、①はダメ。③も過去形でダメ。④の原形ならどうだ？

👨 命令文になってしまって、前後の節がつながらないからダメだ。

🧑 □2は、俺がやるよ。まず、主語が同じだったから、前半の主語が消えているんだな。ということは、I だ。それで動詞は walk だ。

👨 I と walk の関係は？

🧑 「私が歩く」んだから、能動関係。だから正解は、現在分詞の③ Walking

能動関係
□2 (When) (I) (was) Walking along the street, ←接続詞のある元の節
　　↕主語は同じなので消えている
I saw my teacher.

🧑 いいぞ、正解。そして、今度こそ本当に最後。恒例の慣用表現だ。

分詞構文の慣用表現

generally speaking	「一般的に言えば」
strictly speaking	「厳密に言えば」
frankly speaking	「率直に言えば」
judging from ～	「～から判断すると」
considering ～	「～を考慮すると」
taking ～ into consideration	「～を考慮に入れると」
speaking [talking] of ～	「～と言えば」
weather permitting	「天気が良ければ」
compared with ～	「～と比較すると」
all things considered	「あらゆることを考慮すると」

次の例文を確認しておけ。

例文

1. Frankly speaking, you should take more exercise.
「率直に言えば、あなたはもっと運動すべきです。」

2. All things considered, you had better do it now.
「あらゆることを考慮すると、今それをやった方が良い。」

やっと終わったぞ。

よくここまで頑張れたわ。

俺って、けっこう根性あるかも。

ちょっと待てよ。こんなところで、よく頑張ったなんて、聞いてあきれるぜ。

なんだよ、おまえ。みんな頑張ったんだから、一緒に努力を称え合おうじゃないか。

おまえら、先生との約束を忘れたとは言わせねーよ。最後まで一気に駆けていこうぜ。1度立ち止まったら、次に走り出すのは、もっと大変だから。この先、**仮定法**が俺を呼んでいるんだ。

わかったわ。私、先行くね。だって、**関係代名詞**が待ってるもん。

おっと、俺が先だよ。**最上級**は俺のものだ。

意味わかんないけど、俺だって負けないよ。

みんな、よくぞ言った。確かに、ここまで続けられたこと、本当に賞賛に値する。しかし、忘れてはいけない。じっとしていても、夢は近づいてきてはくれない。途中で投げ出せば、夢は遠ざかるばかりだ。ここまでの努力を無駄にするな。人間の能力の差なんてほとんどないんだ。でも、もし、1つだけあるとすれば、「最後までやめない能力の差」なんだ。もちろん、俺は、誰一人として、置き去りにはしないぞ。さあ、またもう1度、みんなで会おう。『下巻』最終ページで。英文法のスペシャリストとして自信に満ちあふれたみんなと。

先生、でも、もう一人、置き去りにしちゃいけねーヤツがいるよ。

そうだ。ここまで頑張ってきた読者の君だ。よし、ゴールまで一緒に行くぞ。君自身の夢のために。

(日付を書き込もう！)

年　　月　　日

『渡辺の基礎から受験までとことんわかる英文法㊤』読了

——— ここはまだ「夢」への通過点

大学受験
名人の授業シリーズ

渡辺の
基礎から受験まで
とことんわかる英文法 上

発行日 …… 2011年10月28日　初版発行
　　　　　2024年　5月30日　第19版発行

著　者 …… 渡辺勝彦
発行者 …… 永瀬昭幸
（編集担当 …… 柏木恵未／倉野英樹／村本悠）

発行所 …… 株式会社ナガセ
　　　　　〒180-0003　東京都武蔵野市吉祥寺南町1-29-2
　　　　　出版事業部（東進ブックス）
　　　　　TEL：0422-70-7456　FAX：0422-70-7457
　　　　　URL：http://www.toshin.com/books/
　　　　　（本書を含む東進ブックスの最新情報は上記「東進WEB書店」をご覧ください）

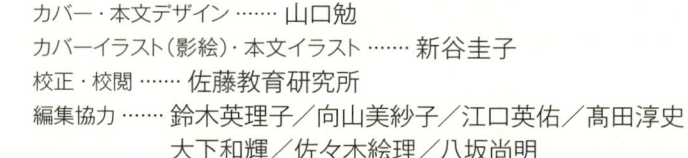

カバー・本文デザイン …… 山口勉
カバーイラスト（影絵）・本文イラスト …… 新谷圭子
校正・校閲 …… 佐藤教育研究所
編集協力 …… 鈴木英理子／向山美紗子／江口英佑／髙田淳史
　　　　　　大下和輝／佐々木絵理／八坂尚明

DTP …… 株式会社秀文社
印刷・製本 …… シナノ印刷株式会社
DVD制作協力 …… メモリーテック株式会社／株式会社キュー・テック
　　　　　　　　株式会社ジェイブイディ

本書を無断で複写・複製・転載することを禁じます。落丁・乱丁本は東進WEB書店 <books@toshin.com> にお問い合わせください。新本にお取り替えいたします。但し、古書店等で本書を入手されている場合は、お取り替えできません。なお、赤シート・しおり等のお取り替えはご容赦ください。

©WATANABE Katsuhiko 2011 Printed in Japan
ISBN 978-4-89085-530-8　©7382

編集部より

この本を読み終えた君に オススメの3冊！

共通テスト対応 英単語1800
「センター試験」までさかのぼって徹底的に分析して厳選した1,800の単語のみを掲載。

共通テスト対応 英熟語750
「センター試験」までさかのぼって徹底的に分析して厳選した750の熟語のみを掲載。

16歳からの勉強法 池谷裕二
最新の脳科学で勉強に最も効果的な「記憶力」を鍛える方法を伝授！脳の仕組み、ルールを理解すれば、君の成績はもっと上がる！

体験授業

この本を書いた講師の授業を受けてみませんか？

東進では有名実力講師陣の授業を無料で体験できる『体験授業』を行っています。「わかる」授業、「完璧に」理解できるシステム、そして最後まで「頑張れる」雰囲気を実際に体験してください。

※1講座（90分×1回）を受講できます。
※お電話でご予約ください。
　連絡先は付録7ページをご覧ください。
※お友達同士でも受講できます。

渡辺勝彦先生の主な担当講座　※2024年度
「有名難関大〈逆転合格〉へのスーパー総合英語」など

東進の合格の秘訣が次ページに

合格の秘訣 1 　全国屈指の実力講師陣

東進の実力講師陣
数多くのベストセラー参考書を執筆!!

東進ハイスクール・東進衛星予備校では、そうそうたる講師陣が君を熱く指導する!

本気で実力をつけたいと思うなら、やはり根本から理解させてくれる一流講師の授業を受けることが大切です。東進の講師は、日本全国から選りすぐられた大学受験のプロフェッショナル。何万人もの受験生を志望校合格へ導いてきたエキスパート達です。

英語

安河内 哲也先生 [英語]
本物の英語力をとことん楽しく！日本の英語教育をリードするMr.4Skills。

今井 宏先生 [英語]
100万人を魅了した予備校界のカリスマ。抱腹絶倒の名講義を見逃すな！

渡辺 勝彦先生 [英語] 
爆笑と感動の世界へようこそ。「スーパー速読法」で難解な長文も速読即解！

宮崎 尊先生 [英語] 
雑誌『TIME』やベストセラーの翻訳も手掛け、英語界でその名を馳せる実力講師。

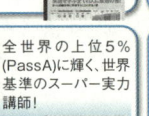

大岩 秀樹先生 [英語] 
いつのまにか英語を得意科目にしてしまう、情熱あふれる絶品授業！

武藤 一也先生 [英語] 
全世界の上位5%（PassA）に輝く、世界基準のスーパー実力講師！

慎 一之先生 [英語]
関西の実力講師が、全国の東進生に「わかる」感動を伝授。

数学

志田 晶先生 [数学] 
数学を本質から理解し、あらゆる問題に対応できる力を与える珠玉の名講義！

青木 純二先生 [数学] 
論理力と思考力を鍛え、問題解決力を養成。多数の東大合格者を輩出！

松田 聡平先生 [数学] 
「ワカル」を「デキル」に変える新しい数学は、君の思考力を刺激し、数学のイメージを覆す！

河合 正人先生 [数学] 
予備校界を代表する講師による魔法のような感動講義を東進で！

付録 1

WEBで体験

東進ドットコムで授業を体験できます！
実力講師陣の詳しい紹介や、各教科の学習アドバイスも読めます。
www.toshin.com/teacher/

国語

興水 淳一先生 [現代文]
「脱・字面読み」トレーニングで、「読む力」を根本から改革する！

西原 剛先生 [現代文]
明快な構造板書と豊富な具体例で必ず君を納得させる！「本物」を伝える現代文の新鋭。 

栗原 隆先生 [古文]
東大・難関大志望者から絶大なる信頼を得る本質の指導を追究。

富井 健二先生 [古文]
ビジュアル解説で古文を簡単明快に解き明かす実力講師。 

三羽 邦美先生 [古文・漢文]
縦横無尽な知識に裏打ちされた立体的な授業に、グングン引き込まれる！

寺師 貴憲先生 [漢文]
幅広い教養と明解な具体例を駆使した緩急自在の講義。漢文が身近になる！

石関 直子先生 [小論文]
文章で自分を表現できれば、受験も人生も成功できるはず。「笑顔と努力」で合格を！

理科

宮内 舞子先生 [物理]
正しい道具の使い方で、難問が驚くほどシンプルに見えてくる！

鎌田 真彰先生 [化学]
化学現象を疑い化学全体を見通す"伝説の講義"は東大理三合格者も絶賛。

立脇 香奈先生 [化学]
「なぜ」をとことん追究し「規則性」「法則性」が見えてくる大人気の授業！ 

飯田 高明先生 [生物]
「いきもの」をこよなく愛する心が君の探究心を引き出す！生物の達人。

地歴公民

金谷 俊一郎先生 [日本史]
歴史の本質に迫る授業と、入試頻出の「表解板書」で圧倒的な信頼を得る！

井之上 勇先生 [日本史]
つねに生徒と同じ目線に立って、入試問題に対する的確な思考法を教えてくれる。 

荒巻 豊志先生 [世界史]
"受験世界史に荒巻あり"と言われる超実力人気講師！世界史の醍醐味を。

加藤 和樹先生 [世界史]
世界史を「暗記」科目だなんて言わせない。正しく理解すれば必ず伸びることを一緒に体感しよう。

清水 裕子先生 [世界史]
どんな複雑な歴史も難問も、シンプルな解説で本質から徹底理解できる。 

山岡 信幸先生 [地理]
わかりやすい図解と統計の説明に定評。

清水 雅博先生 [公民]
政治と経済のメカニズムを論理的に解明しながら、入試頻出ポイントを明確に示す。

執行 康弘先生 [公民]
「今」を知ることは「未来」の扉を開くこと。受験に留まらず、目標を高く、そして強く持て！

合格の秘訣 2 　基礎から志望校対策まで合格に必要なすべてを網羅した **学習システム**

映像によるIT授業を駆使した最先端の勉強法
高速学習

一人ひとりのレベル・目標にぴったりの授業

東進はすべての授業を映像化しています。その数およそ1万種類。これらの授業を個別に受講できるので、一人ひとりのレベル・目標に合った学習が可能です。1.5倍速受講ができるほか自宅からも受講できるので、今までにない効率的な学習が実現します。

1年分の授業を最短2週間から1カ月で受講

従来の予備校は、毎週1回の授業。一方、東進の高速学習なら毎日受講することができます。だから、1年分の授業も最短2週間から1カ月程度で修了可能。先取り学習や苦手科目の克服、勉強と部活との両立も実現できます。

現役合格者の声
東京大学 文科一類
早坂 美玖さん
東京都 私立 女子学院高校卒

私は基礎に不安があり、自分に合ったレベルから対策ができる東進を選びました。東進では、担任の先生との面談が頻繁にあり、その都度、学習計画について相談できるので、目標が立てやすかったです。

先取りカリキュラム

	高1	高2	高3
東進の学習方法	高1生の学習 →	高2生の学習 →	高3生の学習 → 受験勉強
	高2のうちに受験全範囲を修了する		
従来の学習方法（公立高校の場合）	高1生の学習 →	高2生の学習 →	高3生の学習

目標まで一歩ずつ確実に
スモールステップ・パーフェクトマスター

自分にぴったりのレベルから学べる 習ったことを確実に身につける

高校入門から最難関大までの12段階から自分に合ったレベルを選ぶことが可能です。「簡単すぎる」「難しすぎる」といったことがなく、志望校へ最短距離で進みます。
授業後すぐに確認テストを行い内容が身についたかを確認し、合格したら次の授業に進むので、わからない部分を残すことはありません。短期集中で徹底理解をくり返し、学力を高めます。

現役合格者の声
東北大学 工学部
関 響希くん
千葉県立 船橋高校卒

受験勉強において一番大切なことは、基礎を大切にすることだと学びました。「確認テスト」や「講座修了判定テスト」といった東進のシステムは基礎を定着させるうえでとても役立ちました。

パーフェクトマスターのしくみ

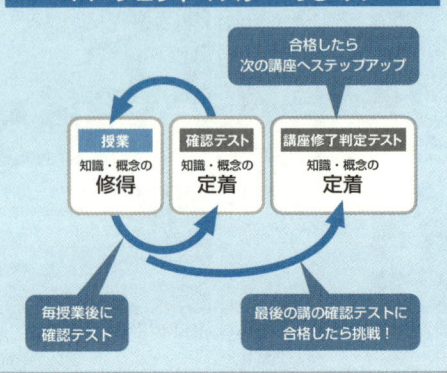

授業（知識・概念の修得）→ 確認テスト（知識・概念の定着）→ 講座修了判定テスト（知識・概念の定着）→ 合格したら次の講座へステップアップ

毎授業後に確認テスト
最後の講の確認テストに合格したら挑戦！

付録 3

東進で勉強したいが、近くに校舎がない君は… **東進ハイスクール 在宅受講コースへ**

「遠くて東進の校舎に通えない……」。そんな君も大丈夫！ 在宅受講コースなら自宅のパソコンを使って勉強できます。ご希望の方には、在宅受講コースのパンフレットをお送りいたします。お電話にてご連絡ください。学習・進路相談も随時可能です。 **0120-531-104**

徹底的に学力の土台を固める
高速マスター基礎力養成講座

高速マスター基礎力養成講座は「知識」と「トレーニング」の両面から、効率的に短期間で基礎学力を徹底的に身につけるための講座です。英単語をはじめとして、数学や国語の基礎項目も効率よく学習できます。オンラインで利用できるため、校舎だけでなく、スマートフォンアプリで学習することも可能です。

東進公式スマートフォンアプリ
東進式マスター登場！
（英単語／英熟語／英文法／基本例文）

スマートフォンアプリでスキマ時間も徹底活用！

1）スモールステップ・パーフェクトマスター！
頻出度（重要度）の高い英単語から始め、1つのSTAGE（計100語）を完全修得すると次のSTAGEに進めるようになります。

2）自分の英単語力が一目でわかる！
トップ画面に「修得語数・修得率」をメーター表示。自分が今何語修得しているのか、どこを優先的に学習すべきなのか一目でわかります。

3）「覚えていない単語」だけを集中攻略できる！
未修得の単語、または「My単語（自分でチェック登録した単語）」だけをテストする出題設定が可能です。
すでに覚えている単語を何度も学習するような無駄を省き、効率良く単語力を高めることができます。

共通テスト対応 **英単語1800**
共通テスト対応 **英熟語750**
英文法 750
英語基本例文300

「共通テスト対応英単語1800」2023年共通テストカバー率99.8%！

現役合格者の声
早稲田大学 基幹理工学部
曽根原 和奏さん
東京都立 立川国際中等教育学校卒

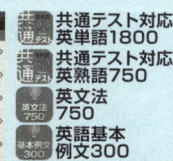

演劇部の部長と両立させながら受験勉強をスタートさせました。「高速マスター基礎力養成講座」はおススメです。特に英単語は、高3になる春までに完成させたことで、その後の英語力の自信になりました。

君の合格力を徹底的に高める
志望校対策

第一志望校突破のために、志望校対策にどこよりもこだわり、合格力を徹底的に極める質・量ともに抜群の学習システムを提供します。従来からの「過去問演習講座」に加え、AIを活用した「志望校別単元ジャンル演習講座」、「第一志望校対策演習講座」で合格力を飛躍的に高めます。東進が持つ大学受験に関するビッグデータをもとに、個別対応の演習プログラムを実現しました。限られた時間の中で、君の得点力を最大化します。

大学受験に必須の演習
■過去問演習講座 
1. 最大10年分の徹底演習
2. 厳正な採点、添削指導
3. 5日以内のスピード返却
4. 再添削指導で着実に得点力強化
5. 実力講師陣による解説授業

東進×AIでかつてない志望校対策
■志望校別単元ジャンル演習講座
過去問演習講座の実施状況や、東進模試の結果など、東進で活用したすべての学習履歴をAIが総合的に分析。学習の優先順位をつけ、志望校別に「必勝必達演習セット」として十分な演習問題を提供します。問題は東進が分析した、大学入試問題の膨大なデータベースから提供されます。苦手を克服し、一人ひとりに適切な志望校対策を実現する日本初の学習システムです。

志望校合格に向けた最後の切り札
■第一志望校対策演習講座 
第一志望校の総合評価に特化し、大学が求める解答力を身につけていきます。対応大学は校舎にお問い合わせください。

現役合格者の声
京都大学 法学部
山田 悠雅くん
神奈川県 私立 浅野高校卒

「過去問演習講座」には解説授業や添削指導があるので、とても復習がしやすかったです。「志望校別単元ジャンル演習講座」では、志望校の類似問題をたくさん演習できるので、これで力がついたと感じています。

付録 4

合格の秘訣3 東進模試

申込受付中
※お問い合わせ先は付録7ページをご覧ください。

学力を伸ばす模試

■ 本番を想定した「厳正実施」
統一実施日の「厳正実施」で、実際の入試と同じレベル・形式・試験範囲の「本番レベル」模試。相対評価に加え、絶対評価で学力の伸びを具体的な点数で把握できます。

■ 12大学のべ42回の「大学別模試」の実施
予備校界随一のラインアップで志望校に特化した"学力の精密検査"として活用できます(同日・直近日体験受験を含む)。

■ 単元・ジャンル別の学力分析
対策すべき単元・ジャンルを一覧で明示。学習の優先順位がつけられます。

■ 最短中5日で成績表返却
WEBでは最短中3日で成績を確認できます。※マーク型の模試のみ

■ 合格指導解説授業
模試受験後に合格指導解説授業を実施。重要ポイントが手に取るようにわかります。

2023年度 東進模試 ラインアップ

共通テスト対策
- 共通テスト本番レベル模試 〈全学年統一部門〉 全4回
- 全国統一高校生テスト 〈高2生部門〉〈高1生部門〉 全2回

同日体験受験
- 共通テスト同日体験受験 全1回

記述・難関大対策
- 早慶上理・難関国公立大模試 全5回
- 全国有名国公私大模試 全5回
- 医学部82大学判定テスト 全2回

基礎学力チェック
- 高校レベル記述模試 〈高2〉〈高1〉 全2回
- 大学合格基礎力判定テスト 全4回
- 全国統一中学生テスト 〈全学年統一部門〉〈中2生部門〉〈中1生部門〉 全2回
- 中学学力判定テスト 〈中2生〉〈中1生〉 全4回

大学別対策
- 東大本番レベル模試 全4回
- 高2東大本番レベル模試 全4回
- 京大本番レベル模試 全4回
- 北大本番レベル模試 全2回
- 東北大本番レベル模試 全2回
- 名大本番レベル模試 全3回
- 阪大本番レベル模試 全3回
- 九大本番レベル模試 全3回
- 東工大本番レベル模試 全2回
- 一橋大本番レベル模試 全2回
- 神戸大本番レベル模試 全2回
- 千葉大本番レベル模試 全1回
- 広島大本番レベル模試 全1回

同日体験受験
- 東大入試同日体験受験 全1回
- 東北大入試同日体験受験 全1回
- 名大入試同日体験受験 全1回

直近日体験受験 各1回
- 京大入試直近日体験受験
- 北大入試直近日体験受験
- 阪大入試直近日体験受験
- 九大入試直近日体験受験
- 東工大入試直近日体験受験
- 一橋大入試直近日体験受験

※2023年度に実施予定の模試は、今後の状況により変更する場合があります。最新の情報はホームページでご確認ください。

2023年 東進現役合格実績
難関大グループ 現役合格 史上最高続出！

東大 現役合格 実績日本一※1 5年連続800名超！
※1 2022年の東大現役合格実績を公表している予備校の中で東進の853名が最大（2022年JDnet調べ）。

現役生のみ！講習生を含みます！

東大 845名

文科一類	121名	理科一類	311名
文科二類	111名	理科二類	126名
文科三類	107名	理科三類	38名
		学校推薦	31名

現役合格者の36.9%が東進生！

東進生現役占有率 845/2,284 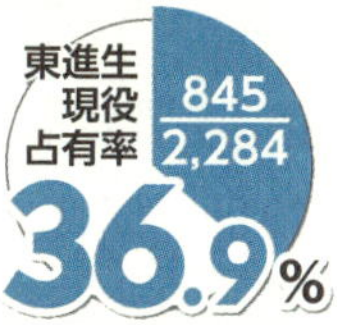 = **36.9%**

全現役合格者（前期＋推薦）に占める東進生の割合
2023年の東大全体の現役合格者は2,284名。東進の現役合格者は845名。東進生の占有率は36.9%。現役合格者の2.8人に1人が東進生です。

学校推薦型選抜も東進！
東大 31名 36.4%
現役推薦合格者の36.4%が東進生！

法学部	5名	薬学部	1名
経済学部	3名	医学部医学科の75.0%が東進生！	
文学部	1名		
教養学部	2名	医学部医学科	3名
工学部	10名	医学部	
理学部	3名	健康総合科学科	1名
農学部	2名		

医学部も東進 日本一※2 の実績を更新!!
※2 2022年の国公立医学部現役合格実績を公表している予備校の中で東進の1,032名が最大（2022年JDnet調べ）。

国公立医・医 1,064名 昨対 +32名
史上最高！ '21: 987 '22: 1,032 '23: 1,064

2023年の国公立医学部医学科全体の現役合格者は未公表のため、仮に昨年の現役合格者数（推定）を分母として東進生の占有率を算出すると、東進生の占有率は29.4%。現役合格者の3.4人に1人が東進生です。

東進生現役占有率 29.4%

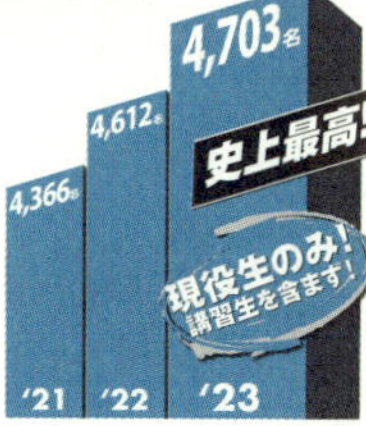

早慶 5,741名 昨対+63名 史上最高！
早稲田大 3,523名　慶應義塾大 2,218名

上理 4,687名 昨対+394名
上智大 1,739名
東京理科大 2,948名

明青立法中 17,520名 昨対+492名
明治大 5,294名　中央大 2,905名
青山学院大 2,216名
立教大 2,912名
法政大 4,193名

関関同立 13,655名 昨対+1,022名 史上最高！
関西学院大 2,861名
関西大 2,918名
同志社大 3,178名
立命館大 4,698名

私立医・医 727名 昨対+101名

日東駒専 10,945名 史上最高！
産近甲龍 6,217名 昨対+132名 史上最高！

国公立大 17,154名 昨対+652名 史上最高！

旧七帝大 ＋東工大・一橋大・神戸大
4,703名 昨対+91名 史上最高！

東京大	845名
京都大	472名
北海道大	468名
東北大	417名
名古屋大	436名
大阪大	617名
九州大	507名
東京工業大	198名
一橋大	195名
神戸大	548名

'21: 4,366　'22: 4,612　'23: 4,703

国公立 総合・学校推薦型選抜も東進！

国公立医・医 318名 昨対+16名	旧七帝大＋東工大・一橋大・神戸大 446名 昨対+31名

東京大	31名
京都大	16名
北海道大	13名
東北大	120名
名古屋大	92名
大阪大	59名
九州大	41名
東京工業大	25名
一橋大	7名
神戸大	42名

国公立医・医：'21: 287　'22: 302　'23: 318
旧七帝大：'21: 256　'22: 415　'23: 446

ウェブサイトでもっと詳しく 東進 [検索]

2023年3月31日締切　付録6

各大学の合格実績は、東進ネットワーク（東進ハイスクール、東進衛星予備校、早稲田塾）の現役生のみ、高3時在籍者のみの合同実績です。一人で複数合格した場合は、それぞれの合格者数に計上しています。

東進へのお問い合わせ・資料請求は
東進ドットコム www.toshin.com
もしくは下記のフリーコールへ！

ハッキリ言って合格実績が自慢です！ 大学受験なら、

東進ハイスクール
0120-104-555（トーシン ゴーゴーゴー）

●東京都

[中央地区]
- 市ヶ谷校　0120-104-205
- 新宿エルタワー校　0120-104-121
- ＊新宿校大学受験本科　0120-104-020
- 高田馬場校　0120-104-770
- 人形町校　0120-104-075

[城北地区]
- 赤羽校　0120-104-293
- 本郷三丁目校　0120-104-068
- 茗荷谷校　0120-738-104

[城東地区]
- 綾瀬校　0120-104-762
- 金町校　0120-452-104
- 亀戸校　0120-104-889
- ☆北千住校　0120-693-104
- 錦糸町校　0120-104-249
- 豊洲校　0120-104-282
- 西新井校　0120-266-104
- 西葛西校　0120-289-104
- 船堀校　0120-104-201
- 門前仲町校　0120-104-016

[城西地区]
- 池袋校　0120-104-062
- 大泉学園校　0120-104-862
- 荻窪校　0120-687-104
- 高円寺校　0120-104-627
- 石神井校　0120-104-159
- 巣鴨校　0120-104-780
- 成増校　0120-028-104
- 練馬校　0120-104-643

[城南地区]
- 大井町校　0120-575-104
- 蒲田校　0120-265-104
- 五反田校　0120-672-104
- 三軒茶屋校　0120-104-739
- 渋谷駅西口校　0120-389-104
- 下北沢校　0120-104-672
- 自由が丘校　0120-964-104
- 成城学園前駅校　0120-104-616
- 千歳烏山校　0120-104-331
- 千歳船橋校　0120-104-825
- 都立大学駅前校　0120-275-104
- 中目黒校　0120-104-261
- 二子玉川校　0120-104-959

[東京都下]
- 吉祥寺南口校　0120-104-775
- 国立校　0120-104-599
- 国分寺校　0120-622-104
- 立川駅北口校　0120-104-662
- 田無校　0120-104-272
- 調布校　0120-104-305
- 八王子校　0120-896-104
- 東久留米校　0120-565-104
- 府中校　0120-104-676
- ☆町田校　0120-104-507
- 三鷹校　0120-104-149
- 武蔵小金井校　0120-480-104
- 武蔵境校　0120-104-769

●神奈川県
- 青葉台校　0120-104-947
- 厚木校　0120-104-716
- 川崎校　0120-226-104
- 湘南台東口校　0120-104-706
- 新百合ヶ丘校　0120-104-182
- センター南駅前校　0120-104-722
- たまプラーザ校　0120-104-445
- 鶴見校　0120-876-104
- 登戸校　0120-104-157
- 平塚校　0120-104-742
- 藤沢校　0120-104-549
- 武蔵小杉校　0120-165-104
- ☆横浜校　0120-104-473

●埼玉県
- 浦和校　0120-104-561
- 大宮校　0120-104-858
- 春日部校　0120-104-508
- 川口校　0120-917-104
- 川越校　0120-104-538
- 小手指校　0120-104-759
- 志木校　0120-104-202
- せんげん台校　0120-104-388
- 草加校　0120-104-690
- 所沢校　0120-104-594
- ☆南浦和校　0120-104-573
- 与野校　0120-104-755

●千葉県
- 我孫子校　0120-104-253
- 市川駅前校　0120-104-381
- 稲毛海岸校　0120-104-575
- 海浜幕張校　0120-104-926
- ☆柏校　0120-104-353
- 北習志野校　0120-344-104
- 新浦安校　0120-556-104
- 新松戸校　0120-104-354
- 千葉校　0120-104-564
- ☆津田沼校　0120-104-724
- 成田駅前校　0120-104-346
- 船橋校　0120-104-514
- 松戸校　0120-104-257
- 南柏校　0120-104-439
- 八千代台校　0120-104-863

●茨城県
- つくば校　0120-403-104
- 取手校　0120-104-328

●静岡県
- ☆静岡校　0120-104-585

●奈良県
- ☆奈良校　0120-104-597

☆ は高卒本科（高卒生）設置校
＊ は高卒生専用校舎
□ は中学部設置校

※変更の可能性があります。
最新情報はウェブサイトで確認できます。

全国約1,000校、10万人の高校生が通う、

東進衛星予備校
0120-104-531（トーシン ゴーサイン）

近くに東進の校舎がない高校生のための

東進ハイスクール在宅受講コース
0120-531-104（ゴーサイン トーシン）

ここでしか見られない受験と教育の最新情報が満載！

東進ドットコム
www.toshin.com
[東進 検索]

東進TV
東進のYouTube公式チャンネル「東進TV」。日本全国の学生レポーターがお送りする大学・学部紹介は必見！

大学入試過去問データベース
君が目指す大学の過去問を素早く検索できる！ 2023年入試の過去問も閲覧可能！

過去問データベース
190大学 最大29年分
無料で閲覧！

※2023年4月現在